# 地球のマユの子供たち

COSMIC COCOON CHILDREN

正木 高志
Takashi Masaki

南方新社

火の鳥と
すべての生きものたちに

目次

装丁　オーガニックデザイン
カバー装画　おかざわゆめこ
挿画　真砂秀朗

# 地球のマユの子供たち

# 1　僕たちはどこへ行くのだろう？

この春に私は中学へ、兄は高校に進学する。母さんがお祝いにインド旅行をプレゼントしてくれた。はじめにアグラでタージマハールを観光して、それからヒマラヤへ向かった。

ネパールに近い山奥にアルモラという避暑地がある。ミモザの花がいっぱい咲いている美しい尾根道を、町から小一時間歩いた丘の上にゲストハウスはあった。何もない山の中だけれど、何百キロも連なるヒマラヤ山脈が一望できた。朝は、遙か東のネパールの、マナスルあたりの嶺から紅く染まりはじめ、それがみるみる広がって西のカシミールまで、白い山々がバラ色に染めあげられていった。目の前には巨大な牛の背のようなナンダコット山がピンクのベールをかぶって輝いている。夕方、インド平原に闇が下りるころには、オレンジ色の大きな太陽が氷雪の山々を赤々と照らし、光の輪をぐるぐると放ちながらどこまでもつづく山なみの彼方へ沈んでいった。

一週間、私たちはただヒマラヤを眺めて過ごした。というよりヒマラヤにすっぽり抱かれ、ヒマラヤに見守られて暮らした。高原の清涼な風が、頭の中をすっきり洗い流して、胸をすいでくれた。

ニューデリーに戻って、明日は日本へ帰るという最後の一日、母さんは旅行社へ行ったり買い物したり忙しく、夕方まで兄と二人だけで過ごすことになった。朝食の後、とりあえずホテル近くの公園に行った。

そこでフシギなおじいさん……私たちは尊敬をこめて翁（オキナ）とよぶことにした……にであった。


ニューデリーの中心にジャンターマンターという古い天文台の跡がある。広い敷地のあちこちに太陽の高度を測る装置や、惑星の位置を測定する観測機などがならんでいる。観測機といっても精密機械ではなくてレンガで作られた大きな建造物だ。2階家ほどの円筒が二つ並んでいるのは月を観測するのらしい。月の裏側につながっていそうな雰囲気がある。目盛りが刻まれた直径50メートルほどの半球の上に立つ巨大な三角定規は日時計で、高さが30メートルもあり、空へ伸びる斜辺は北極星を指しているという。今でも正確な時刻を知ることができる。

現在は公園になって、緑の芝におおわれ、花壇には色鮮やかな花が咲き、周囲のフェンス沿いに背の高い椰子の木がならんでいる。

大都会の真ん中だけれど、人影もまばらで、とても静かだった。

ひとしきり見て回ったあと、私たちは隅っこの芝生に寝転んだ。

真っ青な空を背に、椰子の葉のシルエットがサワサワと揺れた。

花壇では、ミツバチの羽音が勢いよく、忙しそうに唸っている。

高いレンガ塀の向こうから笛の音が流れてきた。

低く、おだやかで、やさしい音色。

風は心地よく、ゆうべよく眠れなかったせいかもしれないけど、なんだか蛇使いの蛇になったみたいに眠くなり、ウトウトまどろんでいると、笛が懐かしいメロディーを奏ではじめた。

あ、知ってる!……振りかえると兄も気づいたらしく、私に顔をむけている。

立ち上がって、塀に近づくと……それは「浜辺の歌」だった。

レンガ塀に小さな木製のくぐり戸があった。

押してみる……スッと開く。

覗いてみる……そこに、もう一つ、小さな庭があった。

「ねえ、行ってみよう!」戻って兄を誘った。

私たちはそっと扉を押し開け、中に入った。

お堂があり、インドの神さまが祀ってある。

正面に大きな樹がそびえている。

幹の周りには十人くらいお昼寝できそうな石づくりの円いテラスがあって、白いインド服のおじいさんがひとり、太くて長い竹笛を吹いていた。そっと後ろに回ってしばらく聴いていると、深く息を吐ききるようにして曲は終わった。

辺りが静寂につつまれた。

都会の喧噪は届いているが、小鳥たちも歌をためらうほどの沈黙が空気を満たしていた。高いレンガ塀に囲まれたその小さな庭は、深い井戸の水底のように感じられた。


「お邪魔ではありませんか?」

兄が声をかけるとおじいさんは、これ以上ないほどやさしい顔で、にっこり微笑んだ。

「ナマステー」私は手を合わせて自己紹介した。

「ナギとナミ、兄と妹です」

「浜辺の歌が聞こえたので入ってきました」ナギがいった。「僕たちは日本の奄美大島から来ました」

小さくため息をついてナギは続けた。「タンカーの事故が起きて海に大量の油が流れ出しました。いつも遊んでいる近くの浜辺でウミガメが油にまみれて死んでいました。貝や海鳥も死にました。浜辺の歌を聞いて、そのことを思い出したのです」

オキナは目を閉じて沈黙していた。目頭に涙が滲んでいるようだった。

「僕たちは福島県の海辺で生まれ育ちました。その海は原発の事故で放射能に汚染されました。それで奄美へ引っ越したのです。その海も石油で汚染されてしまいました」深くため息をついてナギはいった。「インドを旅行していた間、僕たちはどこへ行くのだろうって、ずっと考えていました」

オキナの頬を涙が伝った。

「私たちはどこへ行くのか？」といって言葉を切り、それから「答えはわかりましたか」とたずねた。

「いいえ、まったく」ナギは答えた。「どんなふうに考えたらよいのか、見当さえつきません」

「どこへ行くのかを知るためには、どこから来たかを知らなければなりません。私たちとは何かを理解しなければなりません」

「僕たちは福島から来ました」

「君たちは福島から来た。放射能に汚染された海から……」

「そうです。それがなかったら僕たちはここへ来なかったでしょう、たぶん。こんなことを考えることもなかったと思います」

「問題は放射能や石油だけではない、海だけの問題でもありません。ヒトを含む地球生態系全体がさまざまな汚染物質にさらされてひどく傷つき、苦しみ、瀕死の状態です。環境問題だけではありません。行き過ぎた経済格差から生じる戦争やテロに世界がおおわれています。現代文明が破綻して崩壊がはじまっています。この星の多くの人たちが、あなたとおなじように、『我々はどこへ行くのか？』と思案しているのではないでしょうか」

「僕たちだけではないのですね」

「フクシマは文明の崩壊です。それが私たちの出発点です。崩壊した文明を超えてどこへ向かうか、それは地球市民みんなの課題です」


オキナは穏やかな顔で、とびっきり厳しい話をはじめた。ナミには少し難しいけれど、オキナとの対話がナギにとって大切なものであることはわかった。樹の上で小鳥たちもにぎやかにおしゃべりをはじめた。

オキナがいった。

「今夜の汽車でヒマラヤへ帰ります。それまで私にはたっぷり時間があるけれど、あなたたちはどうですか。もし時間があるならここで話を続けませんか？」

「夕方まで予定はありません。ここは静かで、気持ちいいし」といって兄を見ると、ナギもうれしそうにうなずいて、「これは何のお堂ですか」とたずねた。

「天文台をつくった人が祀られています。私は50年くらい前にこのお堂に住んでいたことがあります。そのころここで『我々はどこから来たか？ 我々とは何者か？ 我々はどこへ行くのか？』と考えていました」

そういってオキナは軽やかに笑った。

# 2 非二元論

## 生命の織物

「昨日、あなたたちは何を食べましたか?」オキナがたずねた。

「カレー」ナミは答えた。

「インド料理はみんなカレーだものね」オキナは笑った。

「豆のカレーと魚のカレーと、チャパティに、マンゴージュースに……」ナギがいった。

「それはいま、どこにありますか?」

「え!……トイレ?」

「全部ですか」

「あ、いいえ、いくらか僕の体に残っています」

「いま話をしている、この元気だって、食べもののエネルギーです」

そういってオキナは語りだした。

からだの細胞は、一瞬一瞬、休むことなく湧きだして流れています、泉に水が湧いて流れるみたいに、変化しながら。

私たちのからだのほとんどはこの3カ月くらいの間に食べたものからできています。水分は10日くらい、骨も2~3年で入れ替わってしまいます。

では、食べたその野菜や魚や米は何からできているでしょう?

土から吸収された養分や水や太陽の光、あるいは魚が食べたものですね。

からだは食べたものでできており、食べられたものは、それぞれが食べたものからできている。そしてさらにそれらも、それ以外のものからなりたっている……。

自分以外の、周りのものって、環境でしょう。

私たちのからだは100%環境からできているのです。

こんなふうにちょっと深く考えるだけで、私たちがどれほど複雑に密接に環境とつながっているかわかります。もしそのすべてを書き出すなら、一日に食べた分につながるものだけ並べても、本が一冊書けるくらいのリストになるでしょう。

からだだけではありません。歩いたり、笑ったり、働いたりする運動も食べものが燃焼するエネルギーです。食べなければ小鳥には歌う力がなく、小鳥が歌わなければ私たちに歓びはありません。植物が生み出す酸素がなかったら動物は一分間も生きていられないでしょう。

それなら人と環境の間にどんな区別があるというのでしょうか？

違いや区別は……ないでしょう？

つながっているというより、もともと分かれていないのです。

分れていない一つの大きな実在から、植物が生まれ、動物は生まれています。

環境とは自分をとりまく「周囲」という意味だけれど、それは自分を中心に置いて見るときにそう見えるだけであって、客観的な事実ではありません。たとえばあなたにとってこの公園や庭や樹や小鳥たちは環境だけれど、小鳥から見ればあなたたちが環境です。実際には個と環境の間に区別はありません。

この分かれていない実在をアメリカの先住民は「生命の織物」とよんでいます。仏教では「縁起」といいます。あらゆる物やできごとが「縁によってつながり、起きている」という意味です。

生命の織物を自己中心に環境と呼ぶけれど、私たちはそのお陰で生かされています。

海が主で波が従であるように、環境が主であり、私たちは従なのです。けっしてその逆ではありません。

子供のために家庭があるのではないけど、子供は自分中心にしか見ることができません。

そのように人間のために地球が在るわけではないのに、人間は子供のように自己中心的にしか地球を見ることができません。これは私たちの認識にそなわっている本質的な無知です。この無知を自覚しなければ、感覚と思考に惑わされた妄想から醒めることはできません。そしてそれがもたらす苦しみから解放されないでしょう。

## 大いなる生命《いのち》

「手首に指を当ててごらん」オキナがいった。「お医者さんは脈を診て生死を判断しますね。心臓の鼓動は生命の波動です。ちゃんと打っていますか?」

「はい」ナミはうなずいた。

「あなたの、その脈拍は、いつ打ちはじめましたか?」

「ウーン、生まれたとき……?」

「ほんとうに?」オキナは微笑んだ。

「お母さんのおなかの中です」ナギがいった。

「そうですね、お母さんの胎内で打ちはじめた」

お母さんの脈動があなたに伝わり、あなたに生命が宿った。ではお母さんの鼓動はいつ打ち始めたか?……おばあちゃんのお腹のなかだよね……そのようにしてずうっと大本までたどってゆくと、私たちに脈打っている生命は、何億年も前から途切れることなく打ちつづけていることがわかります。

「自分の生命」と思うけれど、「自分の生命」というようなものがほんとうに在るわけではありません。

私たちは「始めも終わりもない大いなる生命」の一部として生きています。

私の中で生命がはじまったのではなく、生命の中で私がはじまったのです。

虫も小鳥も魚も、あらゆる生きものはおなじ「永遠の生命」から生まれ、その中で生き、そこへ帰っていきます。

個別に一人で生きているように思うのは自己中心に世界を見ているからです。私たちの目には世界はそのようにしか映らないのですが、その映像は夢のような幻影であり、真実ではありません。ほんとうの私は、あらゆるものとつながっている「大いなる生命」です。

私たちは、空間的に分かれていない「生命の織物」の一部であるだけでなく、時間的にも分かれていない大きな生命の先端に生きています。何百年もかけて成長した珊瑚礁の先端で揺れるサンゴのように。

## 波と海

海にたくさんの波が立っています。もし、一個の波頭に目があるならば、他の波が自分と区別されて見えるでしょう。

だけどカモメのように、海を上空から眺めれば、無数の波が個々に分かれているのではなく、一枚の海面であることがわかります。

すべての波はつながっています。分かれていません。風にあおられて、ひとつの海面から、無数の波頭が立っているだけです。

それぞれの波はバラバラに運動しているように見えますが、波の運動もつながっています。どの波も自分ひとりで動いているわけではありません。

波には形がありエネルギーがある。やさしい波、力強い波、激しい波、大きい波、さざ波……それぞれ個性があって、個別に存在しているようにみえます。

一個の波が「私」という思いをもつとき、波は孤独であり、他の波と競争し、愛着し、喜び、悲しみ、怒りや憂いが、現れては消えてゆきます。

だけどそれは見かけにすぎません。ほんとうは分かれていない、一面の海です。

波はまた、生死をくりかえしているように見えます。しかし海は生まれもしないし、死にもしません。

そのように現象界のすべてのものごとと運動は、つながって相互に依存し合っており、個々に存在しているのではありません。

想像してみましょう。
私は波……
海の表面で揺れています。
目を閉じて……意識を表面から波の内面へ……
……それから、海の中へ引っ込めて……
海面を離れ……海の底へ退いてゆきます。
静かに深く息を吐きながら……水底へ……深く……ゆっくりと沈んでゆく。
波間の喧噪は遠のき、揺れはなくなり、静寂にみたされます。
さらに深く、海の底へ……
海面で、私は波でした。
深い海のなかで、波はどうなったでしょう？
波は消えて、海になる。
在るのは海だけ。
広大無辺の海。
それがほんとうの私。

形なく、名前もなく。
海の一部でさえない。
エゴが消え、
ゼロになる。
無限の海、……ほんとうの私。
それは意識の海であり、愛の海であり、光の海です。

## 非二元

「この分かれていない実在を『非二元』といいます」オキナはいった。「二元とは分かれて見える現象。非二元は分かれていない実在です」

「どうして二元といわないで、非二元というのですか?」ナギがたずねた。

「非二元とは分かれていないという意味です。分かれていないものを1ということはできません。なぜなら1という概念には2、3、4…という多数が前提としてあるからです」(注)

「二元なら分かりやすいけど、非二元だとうまく想像できません」

「そのとおりですね。二元的な思考で非二元の概念を捉えるのは困難です。知性の次元上昇が必要です」

「次元上昇？」

「意識の覚醒といってよいかもしれません」

「サトリですか？」

「ええ、だけど屋上に到達するほどの究極の悟りではなく、階段を一段上るような次元上昇です。問題を解決するために必要な分」

「ぼくにもできますか？」

「もちろん。毛虫が蝶になるみたいにね」オキナは微笑んだ。

（注）二元論という言葉は、西洋哲学とインド哲学で定義にズレがあるため、重なるところと重ならないところがあります。また非二元という言葉は日本語の辞書になく、ウィキペディアにもまだ取り上げられていません。しかしインド哲学の中心概念であり、この論考のキーワードでもありますので、すこし煩瑣になりますが詳細に説明します。
西洋哲学では二元論を dualism といいます。明鏡国語辞典には「事象を二つの原理で説明しようとする考え方」と書かれています。また二元論に対する一元論（monism）と多元論（pluralism）はそれぞれ「単一の原理で説明」、「複数の原理で説明」とされています。

インド哲学では二元論をドヴァイタ（dvaita）といいます。「分かれている」という意味です。それにaという否定の接頭語をつけたadvaitaが非二元論です。二元論は波のような現象界に立脚した外面的な認識であり、非二元は表面的現象以前の、分離していない海のような実在をさします。

インド哲学によれば、西洋哲学の一元論、二元論、多元論はすべて現象界の事象であり、二元論のカテゴリーに入ります。西洋哲学にはもともと非二元という概念はなく、最近つかわれているnon-dualityという語はadvaitaの訳語です。

この論考では二元論、非二元論をdvaita、advaitaの定義に従って用います。

また、日本語では「非二元（ひにげん）」という語は発音しづらく、ヒニンゲンと聞き間違えやすいという問題もありますので、「不二（ふじ）」という言葉を併用することにします。「非二元の真理」よりも「不二（ふじ）の真理」の方がなじみやすいかもしれません。

# 3　地球マユ

## ＯＭ

オキナは布袋からタブレットを取りだしてスクロールすると、「これはヘルマン・ヘッセの小説『シッダールタ』です。シッダールタが川の渡し守ヴァーズデーヴァに語りかけるところを読みます」といった。

「おん身も川から、時間は存在しないという秘密を学んだか」

ヴァーズデーヴァの顔は明るい微笑に包まれた。

「たしかに、シッダールタよ」と彼は言った。「おん身の言おうとすることはこうだ。川は至る所において、源泉において、河口において、滝において、渡し場において、早瀬において、海において、山において、至る所において同時に存在する。川にとっては現在だけが存在する。過去という影も、未来という影も存在しない」

それからまたあるとき、川がちょうど雨期で増水し、はげしい音を立てて流れていたとき、シッダールタは言った。

「友よ、川はたくさんの声を、非常にたくさんの声を持っていはしないか。王者の声を、戦士の声を、雄牛の声を、夜の鳥の声を、産婦の声を、嘆息する男の声を、なおそのほか無数の声を持っていはしないか」

「そのとおりだ」とヴァーズデーヴァはうなずいた。「生きとし生けるもののすべての声が川の声の中にある」

「そしておん身は知っているのか」とシッダールタは言い続けた。「川の千、万の声を全部同時に聞くことができるとしたら、どんなことばを川は語っているのか」

幸福そうにヴァーズデーヴァの顔は笑った。彼はシッダールタの方に身をかがめて、神聖なオームをその耳にささやいた。

（『シッダールタ』ヘルマン・ヘッセ、高橋健二訳、岩波文庫）

## 水の惑星

そこまで読むとオキナは顔を上げて、「月から見える地球を想像してみましょう」といった。

私たちは樹の下で、オキナにならって軽く目を閉じて脚を組み、背筋を伸ばして座った。

「私たちは月に座っています。地平線に地球がぽっかり浮かんでいます。地球の直径は月の4倍だから、地球から見る月の16倍ほどの大きさに見えます」

ナミは月から撮った地球の写真を思い浮かべた。

地球は水の惑星だ。

表面の大部分を青い海が占めている。

大きな白い雲があちらこちらに渦巻いている。

北極と南極と高い山脈は氷河におおわれ、たくさんの川が流れて、集まり、曲がりくねり、大河となって海にそそいでいる。茶色い陸地は砂漠だろう。濃い緑は森林。草原や耕作地があり、大都市も見える……。

ほんとうに月に座ってお茶を飲みながら地球を眺めたらどんなにすてきだろう。

思いを凝らしてワクワクしながら、ナミは暗黒の空間に浮かぶ奇蹟の箱船のような美しい星を想像した。

オキナが語った。

たちのぼる水蒸気は雲になります。雲は雨や雪を降らせ、大地をうるおし、水は地表と地下を流れて、海へ帰ります。

水は循環しています。極地の氷や高山の氷河も、ゆっくりとではあるけれど、流れています。

雲や川や海に姿を変え、液体・気体・固体と形態を変えますが、地球上のすべての水は分かれておらず、すべてがつながっています。

## 生命の惑星

その循環する地球の水系に２００万種ともいわれる多様な生物が生きています。といってもそれは確認された数であって、未知の生物を含めれば、実際には無限の生き物が生息しているといえるでしょう。

地球は《水の惑星》であるとともに、地表にも地下にも、川にも海にも空気中にも、めぐる水系のあらゆるところに無量の生物が生きている《生命の惑星》です。

生態系の生物は３つに類別されます。植物と動物と菌類です。

植物は太陽に生かされています。光合成をおこない、無機物から有機物と酸素を生産します。

動物は、植物によってつくられた有機物と酸素を体内にとりこんで、二酸化炭素と水に還元してエネルギーを得ます。

菌類は、すべての生物の排出物や遺体の有機物を分解し、その過程で自身の構成材料とエネルギーを得ます。

生態系は植物、動物、菌類が互いにつながり、生かし合って均衡をたもち、分かれていない一つの生命系として調和しています。

その生態系のすべての生命と活動の源は、植物の光合成です。光合成とは光をエネルギーとして生きる、植物の在り方です。太陽の光が植物に宿って生命を与えているといえるでしょう。動物は植物に固定された光を食べて生命をえます。肉食動物も草食動物を通して太陽光を体内にとりこんでいます。

## 地球マユ

「大気圏のことは習いましたか？」オキナがナギにたずねた。

「はい」うなずいてナギが答えた。

大気圏には4つの層があります。地上12キロメートルくらいまでが対流圏です。その外側に高度50キロメートルまで成層圏があります。その上層は中間圏です。80キロメートルから上空は熱圏とよばれます。NASAの宇宙ステーションは400キロメートル上空をめぐっています。熱圏の大気はしだいに薄くなってゆくので、どこまでとはっきり区切れませんが、600キロメートルとも1000キロメートルともいわれます。その外は真空の空間です。

ナギの答えに拍手してよろこび、オキナがつづけた。

気温の高い層と低い層が交互に重なっています。

一番外側の熱圏は、太陽光線の熱が大気に吸収されるので1000℃から2000℃にもなります。中間圏はマイナス80℃まで気温が下がります。成層圏では地上と同じくらいまで気温が上がりますが、それはオゾン層が紫外線を吸収するからです。

大気は主に窒素と酸素から成っており、その90%が地上の対流圏にあって文字通り対流しています。

大きな流れとして、気温の高い赤道付近で上昇する大気が気温の低い北極や南極へ上空を流れていきます。

また地球の自転につれて大気も回転しますが、赤道付近と両極とではスピードが異なるので渦が生じます。

そのほかハリケーンや台風のようなさまざまな天気現象によっても空気が渦を巻いています。

対流にのって水蒸気が循環します。積乱雲は10キロメートルを超えることもあります。

「ふつう私たちは、植物は土から芽を出し、土の上に育っていると思っていますね」とオキナが問いかけた。

私たちはうなずいた。

「だけど水分がまったくないところに生命は育ちません。地上の生命は気化した水のなかで生きています。砂漠でも、もしそこに生命があるなら、わずかでも水分があります。生命は土に宿るというより水を含んだ土に、つまり水に宿っているのです」

「土の役割は何ですか?」ナギがたずねた。

「物質的な材料を提供します。植物が育つ土壌は過去の生物の死骸です。何万年も蓄積された植物や動物の死骸が土になって、そこから生命体が立ち現れては、そこへ帰っていきます。土は生きものたちの先祖といえるでしょう」

地球は自転し、大気も連動して渦を巻き、それを太陽光が照らしています。

太陽は、水を水蒸気に変え、風を起こし、雲を運び、雨や雪を降らせます。

生物の構成要素である物質は地球のものですが、生命力は太陽のものです。

地球の生命体は、大気圏というマユに抱かれ、護られて生きているのです。

## 生命《いのち》の樹

地球生命は水系に抱かれ、オゾン層や熱圏によって有害な紫外線や太陽熱から護られて、40億年間生きてきました。

この「水系・生命・大気」は地球生態系とよばれますが、生態系とは生物学上の無機的な概念です。

だけど地球マユの中の宇宙は、大昔から「天地」とよばれてきた、神々や先祖たちの住む宇宙に他なりません。天動説の時代まで、宇宙という概念はこのマユの中に限られていました。もちろん今でも地球生命体が生きているのは、大気圏というマユに抱かれたこの小さな宇宙です。

地球という惑星の特徴は、地球本体よりも、その表面を覆っている生命体にあります。地球と並んで太陽をめぐっている金星と火星には生命がありません。もし地球に生命体がなかったら、火星や金星や月の表面と同じように、砂漠や岩山だけが広がっているでしょう。月から見える地球の、本体をくりぬいて、表面のマユ宇宙だけを3次元コンピュータグラフィックスで描いたら、どんなに美しいことでしょう。太陽に照らされているだけでなく、それ自体が生命の微光を発しています。

それが、日本で古来「カミ」とよばれて敬われ、畏れられ、あがめられてきた存在ではないでしょうか。

ハワイでは今も海や山や雨や風がさまざまな神々の名前でよばれ、aloha の愛の対象として親しまれています。

世界中の先住民の間でも先祖の記憶に満ちた大いなる存在として、Creator とか Great Spirit とよばれて崇拝されています。

またギリシャ神話のガイアもこの地球マユ（という神）といえるでしょう。

それは「水系＋生命＋大気」という物質の単なる重なりというより、それぞれがもっと密接に有機的につながり合った「水系×生命×大気」というべき複合的でダイナミックな非二元の存在です。

それは一本の巨大な樹木のようです。枝のように広がる無数の水系の全体を、無量の生命が埋めつくしています。寿命百年の人間からみれば40億年生きてきた《生命の樹》は永遠の存在です。

《生命の樹》は人間に従属する環境ではありません。

《生命の樹》が人間の「主」であり、大いなる母体です。

それはまた生命の海であり、私たちはそこから生まれ、そこへ帰ってゆく波の一つにすぎません。

また、小さな波のような私たちに意識があるなら、そこには海ほど広い《大いなる意識》があるに違いありません。

地球マユの宇宙はかけがえのない、すべての生きものたちの大切なふるさとであり、父母であり、先祖であり、そして私たちの本性＝真我です。

オキナは空を見あげて、「あの太陽はマユの空に映っている太陽です。魚たちに見える水面に映った太陽のように」といった。

太陽はまぶしく照っていた。「もしも大気がなかったら、どんなに熱いのだろう?」ナミは思った。「ヒマラヤを紅く染めた朝陽も、光の輪をぐるぐると放ちながら沈んでいった真っ赤な夕日も、あれはマユの空に映った輝きだったのだ」

オキナがナギにいった。

「あなたは地球の表面を覆っている《生命の樹》の3次元CG（コンピューター・グラフィックス）を描くことができますか」

「できると思います。いつか作ってみたいです」

「その映像をググってみましょう」オキナがいった。

月から見える地球の……ヒマラヤの……氷河から流れ出す……ジャムナ河をたどってゆく

と……大都会デリーがあり……ニューデリーの中心の……ジャンターマンター公園の……小さな庭の……大きな樹の下で……いま私たちが座って話をしています。

そのCGを、世界中のどこで誰がググっても、その人がそこに現れます。

すべての生きものは《生命の樹》なのです。

ところがこの公園から一歩外に出て、都心の雑踏に入ると、行き交う人々はどんな意識で買い物したり、物売りしたり、食べたり、働いたりしているでしょうか。ほとんどの人が自分にとらわれ、自己中心に目先の利益と快楽を追いもとめて、怒り、怖れ、競争しながら必死に生活しているのではないでしょうか。《地球マユ》も《生命の樹》もすっかり忘れて。

## 4　私は誰か？

### リンゴの瞑想

オキナはテラスに落ちている小さな木の実を手に取って、「ほら、あんなにたくさんなっている」と樹を見あげた。

「ワァ！　どの枝にもいっぱい実がなってる」ナミは驚いた。「何個くらいだろう？　何万かなあ、何十万かなあ」

この菩提樹はお堂が作られたときに植えられたものです。樹齢は４００歳くらいでしょう。この樹を私は50年前から知っていますが、樹の大きさはその頃とあまり変わっていません。だけど葉と花と実は50回も生死をくり返しました。たった一年で生まれては死んでゆく木の実から見れば４００年生きてきた大樹は永遠といってもいいほどの存在です。また樹から見たらこの無数の実は、海面に立つ波のように、はかない存在にすぎません。

私たちも樹齢40億年の《生命の樹》に成っている小さな一個の実のようなものです。

その一個の実が「私は誰か?」と問います。

菩提樹の実では小さすぎるので、リンゴを例にとって考えることにしましょう。


リンゴの実が「私は誰か?」と自己を見つめます。

私は、紅い表皮(外見)ではない。それを見ている私は誰か?

甘い果肉(身体)でもない。その変化を見ている私がいる……。

種をふくむ芯(心)でもない。心を観ている真の私とは誰か?

そのようにして、ハートの真我を探究します。

そうすると世間の喧噪を離れて心は落ち着き、身体は安らぐけれど、その先は見えません。

この世界でどのように生きればよいのか、何をすればいいのか。楽しみがあり、面白くもあるけれど、悲しみや苦しみがある。悩みや迷いもある。問題を解決するには、そのすべてを経験している私とは何かを知る必要があります。

経験の主体である、私とは誰でしょうか?

誰が「私はどこへ行くのか?」と考えているのでしょうか。

それを知らなければ、道は見いだせません。

I am sleeping.
I am dreaming.
I am happy.
I am sad.

これらの文で、sleeping や dreaming しているのは身体です。happy や sad と感じているのは心です。

だけどその主体であるI＝私は、心ではないし身体でもありません。身体や心は見られている客体です。

センテンスにおいて、心身の状態はさまざまに変化しますが、「I am」だけは変化しません。

この変化しない「I am」とは何でしょうか？

Be……「在る」とはどういうことでしょう？

鍵はその「在るもの＝実在」にあります。

日本語で「私は誰か」というときの主語は「私」です。「私」が自分は「誰か」と尋ねます。それを英語でいうと「Who am I ?」ですね。英語の場合は「who」が主語で、「誰が私になっているのか？」と問います。

心を外界から引っ込め……思考から離れて……意識をハートに集中します。

そこに意識をとどめて「誰が私になったのか？」と問います。

そこで、禅のマスターも、ヨーガのグルも、瞑想の師たちも、異口同音にいいます。

その「私」を捨てなさい、私が消滅したあとに残るもの、在るもの、それが真のあなたですと。


リンゴの実（＝私）が落下します。

そのとき、そこに在るものは、何でしょう？

それとも、何も残らないでしょうか？

ハッと顔をあげて、ナギがいった。「樹です、樹が残ります」

そうです、リンゴの実が落ちたとき……そこに樹が残ります。

樹。

樹がほんとうの私……真我です。

樹が実になっているのです。

実は樹です。

当たり前のことなのに……忘れてしまっていた。

心身にとらわれ、エゴにとらわれて、自分を果実と思いこんでいた。
果実のなかに自分を探していた。
実が消えてはじめて樹が見えるようになります。
1年で生まれては死んでゆく葉や花や果実にくらべれば、樹木は永遠です。
冬になると、実も葉も落ちて、裸になる樹。
その樹こそ、葉にとって花にとって実にとっての、真我です。
実も花も葉も、実際には樹から離れたことなど一度もなかった。
いつでも樹につながっていた。樹そのものだった。
実に意識がとらわれて、樹が見えなくなっていた。
「私は果実」という思いは無知です。
「私は樹木」という自覚が知識です。
Iとは樹木。

am は存在。

樹木だけが存在します。

樹がほんとうの私です。

自分が樹であることを思い出したとき、リンゴの実は安心に満たされます。

自分が樹につながっていることを自覚したとき、他のすべての葉や花や実も、自分とおなじ樹につながっている家族であることを知ります。

誰も独りぼっちではない、みんなつながっている……。

その意識が愛とよばれます。

満足はそこにあります。

喜びがそこにあります。

## 果実から樹木へ

樹にとって、葉や花や実は、表面のいとなみです。海面の波とおなじように、樹木の表面に外向きに表れて、外向きに活動しています。果実の意識は外に向いているために内面の樹木が見えず、樹木であることを忘れてしまいがちです。

その心理学がインドの聖典につぎのように説かれています。

感覚の対象を見て思うことで、それに対する執着が生じる。執着によって欲望がおこり、欲望が遂げられないと怒りが生じる。怒りから迷妄が生まれ、迷妄によって記憶が失われ、記憶が失われると知性が混乱して、人は堕落する。

（『バガヴァッド・ギーター』2-62,63）

ここでいう「記憶」とは樹木の記憶のことです。

そのようにして、私たちは《生命の樹》を忘れます。

忘れると、右往左往さまよって、さらに混乱を招きます。

あるがままの樹木は、果実を超越して、幸福に満ちています。

正しい世界を再構築しなければならない、というのではありません。

《生命の樹》はつねに実在していたし、これからも実在しつづけるでしょう。

私たち……小さな果実のなすべきことは、ただ無知を取り除くことだけです。

混乱は果実にあります。個であるという幻想から醒めさえすれば、問題は消えてなくなります。

状況に変わってほしいと甘えるのでなく、世界を変えようとするドンキホーテにもならず、自分が状況に適応するだけでいいのです。

樹木意識がめざめて、果実（心身）へのとらわれから解放されると、エネルギーの質が変化して、毛虫が蝶になるような変態をとげます。すると人の行動も変化して、問題は自然に解決されます。

## 無知を知る

「昨晩ヒマラヤからニューデリーへ来る夜行列車のなかで、寝苦しかったからでしょうか、ひどい悪夢を立てつづけに二つ見ました。ひとつは暴漢に追われて車で逃げる夢。もう一つは大きな熊に襲われて走って逃げるところでした。目を覚まして横になったまま、どうしてこんなばかげた夢を見たのだろう、って考えました」笑いながらオキナは語った。

暴漢とは何だろう？　熊とは何だろう？　……それは夢にすぎません。

そこにあったのは恐怖です。身体が傷つけられることへの恐怖。

夢のなかで私は、樹木にではなく果実に、自分を置き重ねていました。

恐怖は、私を身体と同一視したことによって起きたのです。

それならそのおなじ誤りを、目覚めているときにもきっと犯しているでしょう。身体を自分だと思いこんでいる誤った認識は恐怖として表れるだけでなく、欲望や怒りや嫉妬としても表れます。

私たちの見ている世界は幻影です。あるがままの実在ではありません。世界中の人々が「身体と名前」を自分と信じているために、《生命の樹》であることを忘れて生きています。現代文明の物質主義や個人主義がそれを助長します。

樹木である果実が、樹木を忘れている不思議……樹木を忘れたら、いったい何によって葉や花や果実が統合され、調和することができるでしょうか。

そのような悪夢を見るのは、私が非二元の真理を悟っているのでなく、知的に理解しているのにすぎないからです。

だけど世界のほとんどの人々にとって、不二の真理を「悟る」のはやさしいことではありません。悟った人なんて、そうたくさんいるわけではありません。

悟らなくても、自分が無知にとらわれていることを理解し自覚しさえすれば、問題は起きないし、改善するのではないでしょうか。文明にとって必要なのはむしろそのことではないでしょうか。それなら聖者や賢者でなくても、誰にでも実現可能です。誰もがコペルニクスになることはできません。それでも現代人は子供でさえ地球が太陽の周りを回っていることを知っています。

私たちには真理は見えず、世界を自己中心的にしか見ることができません。

だけどそれは妄想であって、ほんとうは分かれていない《生命の樹》だけが実在しており、私はその樹であり、生きとし生けるものはすべてその樹です。誰もひとりぼっちではなく、みんなつながっています。

悟らなくてもそのことを理解して、真理に従って暮らすなら、無知に基づく行為はなくなり、問題は解消するでしょう。

無知から思い上がりが生じ、思い上がりから、果実が樹木を支配しようとして、破壊をもたらしました。

無知を知れば謙虚になります。知者に学び、知性に従って生きるなら、問題はおのずから解決します。

この無知は、キリスト教で説かれる原罪とおなじものであり、原無知といえるでしょう。

無知を知ることが知識です。

## 5　変身《メタモルフォーゼ》

### 暴力

「僕はナギという個人です。だけどそれ以前に地球生態系なのですね」

「そうです、《不二の実在》があなたの本源（origin）です。そこからお父さんとお母さんを通してこの世に生まれました」

「どこへ行くかを知るには、自分が誰かを知る必要がある、といわれました。それはどうしてですか?」

「果実と樹木のたとえで話しましょう」オキナが語った。

樹木の知識を持たないで、自分を一個の果実と思いこんでいるとき、世界は自己中心にしか見えません。

自分を中心に見ると、まず自他が分かれ、上下、左右、損得、善悪、美醜、好き嫌い……とあらゆるものが二元的に分かれて見えます。

それから自己中心的に対象と関係を持って考え、判断し、行動します。欲望は肥え太って貪欲になります。他者と競争し、奪い合い、満たされないと怒りが生じ、失うことへの恐怖にとらわれます。

そのようにして世界中で紛争や戦争がつづき、自然が破壊されました。巨大な力を手にした人間によって、地球が火の洪水にさらされています。福島原発の事故を起こし、その処理もほとんど手つかずのまま、自然と人をこれほど広く深く傷つけておきながら、つぎつぎに原発が再稼働されます。

いったいどうして社会のエリートたちがこれほど愚かなことをするのでしょうか？
それは現代人の思考と行為が自己中心的で、損得に強くとらわれているからです。
その原因はエゴを基本に置いた二元論の思考方法《マインドセット》にあります。

アイデンティティー

「個人であることが悪いのですか？」

「いいえ、在ること（I am）はニュートラルです。善でも悪でもありません」

たとえば草を刈る鎌は人の役にたちます。だけどそれが怒りや恐怖によって使われると人を傷つけます。経済活動がその動機によって社会のためにもなり、暴力にもなります。

貪欲や怒りや嫉妬は樹木を忘れて果実にとらわれることから生じます。問題を解決するためには自分が果実ではなく樹木であることを思いださなくてはなりません。

真の自己（＝樹木）を知れば二元性の妄想は消えます。そうすると暴力性は消滅します。たとえ分かれて見えても、それが無知であることを知っていれば、問題は生じません。だから非二元の真理を悟った人たちは口を揃えて「殺すな、盗むな、傷つけるな、許しなさい、与えなさい、愛しなさい」というのです。

自分が地球マユの《生命の樹》であることを正しく知ったなら、人は果実のようにではなく、樹木として見、考え、行動するようになるでしょう。

果実として生きていても、本性が樹木であることを理解したら、周りの果実はもはや他人ではありません。みんなおなじ《生命の樹》です。あるいはその家族です。奪い合うことも、傷つけることもなくなるでしょう。

アイデンティティー（注1）が果実から樹木へシフトすると思考方法《マインドセット》が変わります。思考が変わると人格も、振る舞いもすっかり変化します。毛虫が蝶になるように。

あるとき西洋人のジャーナリストがマハトマ・ガンジーに、「イエス・キリストは『汝の敵を愛せ』といいましたが、あなたはまさにそのように行動しておられます」といったとき、ガンジーは「私には敵は存在しません」と答えました。

## 非暴力

仏教ではもろもろの戒律の筆頭に非暴力があげられています。ヨーガの第一段階であるヤマ・ニヤマにも最初に非暴力が説かれます。モーゼの十戒の一番目も「殺すなかれ」です。こんなふうに並べると「傷つけてはならない、殺してはならない」という倫理には普遍性があることが分かります。

どうして他者を傷つけてはならないのでしょうか？

なぜ、隣人を愛さなければならないのでしょうか？

宗教の教祖がそう教えたからでしょうか？

では、何が教祖にそういわせたのでしょう？

人だけでなく、すべての生きものたちが分かれていないからです。

あらゆるものが自分自身であるなら、誰が誰から奪うというのでしょう？　誰が誰を傷つけるというのでしょうか？

「非暴力」とはサンスクリット語の「アヒンサー」の訳です。「ヒンサー」は暴力。「ア」は否定の接頭語です。

アヒンサーは単に「物理的に暴力を振るわない」というだけの意味ではありません。暴力の原因である無知が消えた心の状態です。

《生命の樹》は本来非暴力的です。均衡と調和があります。しかし樹木を見失った果実が個性にとらわれて、二元性の幻影に惑わされるとき、個性がぶつかり合って矛盾や葛藤が起きます。どん欲と怒りから暴力が生じます。非二元性への無知が苦しみの原因なのです。無知から醒めたら暴力性は消えてしまいます。

地球生態系の非二元論から環境倫理が導き出されます。

隣人を傷つけてはならないように、環境を傷つけてはならない。

隣人から奪ってはならないように、環境から奪ってはならない。

隣人を愛するように、環境を愛さなくてはならない。

地球マユの「水系×生命×大気」を破壊して、人はどうやって幸福に生きることができるでしょう。

人は自然の摂理に従わなくてはなりません。

## 毛虫の物語

ナギは食い入るように熱心に話を聞いていたけれど、ナミには難しすぎてついてゆけなかった。オキナはナミのために分かりやすい物語をしてくれた。

＊

一本の大きな木がありました。

春になって毛虫の赤ちゃんがいっせいに生まれ、柔らかな木の葉を食べてすくすくと育ちました。

成長した毛虫は食欲が増して、みるみる葉っぱを食べつくし、枝から枝へ競い合って移動していきます。

暖かくなると太った毛虫たちの食べ方はますますどん欲になり、葉が虫食いだらけになって、木が弱り、すっかりやつれてしまいました。

毛虫のナミは、木が燃えあがって、みんな死んでしまう夢を見ました。

「木はみんなのお母さんよ。あなたのために、私は何をしたらよいのでしょう?」ナミは祈りました。

ナミは、食べるのをやめてとじこもり、サナギになりました。

すると木の声が聞こえました。

「だいじょうぶ。愛がめざめたから、それでいいの。あなたはもうじき蝶になる。そして花から花へ、蜜を吸って飛びまわる。すると花に実がなるのよ」

夏になりました。木には花が咲き、甘い香りがただよっています。

透きとおったきれいな羽をひろげ、ナミが花とたわむれています。
枝にはすっかり緑がよみがえり、花にはふっくら実がなりました。

＊

樹木の記憶をとりもどし、自分の本性が樹木であることに目覚めると、果実は樹木のように考え、樹木のように行動するようになります。

非暴力とは、毛虫が右に行くか左に行くかではなく、蝶になって空を飛ぶようなメタモルフォーゼ（注2）です。蝶になったら葉っぱを食べなくなります。

「自分が誰であるかを知ることによって変身（メタモルフォーゼ）するのですか？」ナギがたずねた。

「知ることによってつながりを取り戻します。というより、もともと離れていなかったことに気づきます。その気づきからメタモルフォーゼが起きます」

「道がなければ、蝶になって飛べばいいんだ」とナギがいった。

「それは自然に、誰にでも起きます」とオキナがいった。

## イラナイといえる心

『千と千尋の神隠し』では、湯屋の客も番頭も女中もこぞって顔なしの差しだす金に目がくらみ、もらって浮かれて乱痴気騒ぎをくりひろげます。日銀が紙幣を印刷するみたいに、顔なしが金を出せば出すほど、みんな媚びへつらって、嬉々としていうなりになります。人を喰って肥え太った顔なしは傍若無人にふるまい、とうとう湯屋は顔なしに占領されてしまいます、まるで311の後の日本のように。

変化は顔なしが差しだした金に、千尋が「イラナイ！」といったときにおきました。金を欲しがらない千尋に顔なしはとまどい、困惑して千尋を追いかけます。そうしてついに顔なしは、呑みこんだ人間をみんな吐きだして、すっかり小さくなって、しょんぼりと千尋に従います。

ネコや幼児ならいざしらず、目の前に大金を差しだされてイラナイといえる大人はめったにいません。千尋の両親だってご馳走を食べすぎて豚になったのです。大勢がお金をもらったから、地震だらけの狭い国に原発が54基も建ったのです。上関原発ができなかったのは祝島の漁師さんたちが「イラナイ！」といったからです。金＝原発です。お金を欲しがるのは放射能汚染を欲しがるのとおなじこと。そうわかっていてもイラナイといえません。

なぜイラナイといえないのでしょう。

心が満たされていないから。

どうして満足できないのでしょうか。

果実が樹木を忘れたから。

果実の世界に夢中になると樹木を忘れてしまう。

樹木を思いだしたら、果実の夢は消えてしまう。

欲しがる自分が消えてなくなるとき、そこにほんとうの満足があります。

## 慈しみ

オキナはふたたびタブレットをスクロールし、「ここを読んでください」といってナギに手渡した。「これはお釈迦さまが若いころに説かれたスッタ・ニパータという経典の、『慈しみ』という章です。スリランカの僧院では今も毎日唱えられています」


能力あり、直《まっす》ぐ、正しく、ことばやさしく、柔和で、思い上がることのない者であらねばならぬ。

足ることを知り、わずかの食物で暮らし、雑務少なく、生活もまた簡素であり、諸々の感官が静まり、聡明で、高ぶることなく、諸々の家で貪ることがない。

他の識者の非難を受けるような下劣な行いを、決してしてはならない。一切の生きとし生けるものは、幸福であれ、安穏であれ、安楽であれ。

いかなる生物生類であっても、怯《おび》えているものでも強剛なものでも、ことごとく、長いものでも、大きなものでも、中くらいのものでも、短いものでも、微細なものでも、粗大なものでも、目に見えるものでも、見えないものでも、遠くに住むものでも、近くに住むものでも、すでに生まれたものでも、これから生まれようと欲するものでも、一切の生きとし生けるものは、幸せであれ。

何びとも他人を欺いてはならない。たといどこにあっても他人を軽んじてはならない。悩まそうとして怒りの想いをいだいて互いに他人に苦痛を与えることを望んではならない。

あたかも、母が己が独《ひと》り子を命を賭けても護るように、そのように一切の生きとし生けるものどもに対しても、無量の慈しみのこころを起こすべし。

上に、下に、また横に、障害なく怨みなく敵意なき慈しみを行うべし。

立ちつつも、歩みつつも、坐しつつも、臥しつつも、眠らないでいる限りは、この慈しみの心づかいをしっかりとたもて。


（『ブッダの言葉』中村元訳　岩波文庫）

ポトポトと涙がタブレットに落ちて濡らした。

読み終わったナギは、声を上げて泣いていた。

そんなナギをオキナは黙ってじっと見つめていた。

「一切の生きとし生けるものは、幸福であれ、安穏であれ、安楽であれ」という言葉は、ナミの胸にもこだまして、心の泉に透明な波紋を静かに広げた。

何万匹もの蝶が一斉に羽化して飛びたつスリランカの森の映像を、ナミは思いだした。

そしていつかスリランカへ行ってみたい、チャンティングを聴いてみたい、と思った。

（注1）アイデンティティー（identity）。
「私は誰か」を探究する上で大切な概念であり、人が自分を「何か」あるいは「誰か」と考えている、その「何」または「誰」にあたります。英和辞書には「自己同一性、帰属意識、存在証明」などと訳されていますが、日本語にしっくり翻訳できない英語です。重要な言葉なので英語のまま使うことにします。

（注2）メタモルフォーゼ（metamorphose）。
メタモルフォーゼはドイツ語。英語はメタモルフォース。辞書には「変身、変態、変質」などと訳されています。毛虫が蝶になるのは「変態」です。しかし変態という言葉は「性的異常」という意味で使われ

ることがあり、「ヘンシン」でも意味が捉えにくいので、『メタモルフォーゼ』とドイツ語の表記を使用しました。

# 6　911と311

太陽はほとんど真上にあったけれど、菩提樹の木陰には涼しい風が吹いていた。

レンガ塀の扉が開いて、コックさんのような白い上着を着た人が両手にお盆とバスケットを持って現れた。オキナと親しそうに挨拶をして、テラスにテーブルクロスを敷き、バスケットの中身を並べはじめた。野菜のカツレツとチーズのサンドイッチ。パパイヤとバナナがお皿に盛られている。お盆にはミルクティーと冷え冷えのラッシーがのっていた。さっきお堂へお参りにきた少年にオキナが注文を言づけたのだろう。

「おなか空いたでしょう、さあ食べましょう。これはオーガニック・レストランのものですよ」とオキナがナギとナミにすすめた。「小麦も野菜も紅茶も有機栽培です。最近はニューデリーでも自然食やオーガニックが広がっています。もともとインドはヴィーガンの本場ですからね」

いま泣いたナギが、サンドイッチを頬張って笑った。

ラッシーは、びっくりするほど、おいしかった。

紅茶はヒマラヤの清涼な風の香りがした。

パンくずをもとめて小鳥たちがテラスへ飛んできた。

## 文明のメタモルフォーゼ

ひと休みしてから私たちは話をはじめた。

「これまで個人的なメタモルフォーゼのことを話してきましたが、こんどは文明のメタモルフォーゼについて考えましょう」オキナがいった。「エマージェンシーという言葉を知っていますか？」

「緊急事態です。原発事故のときに憶えました」ナギが答えた。

「原発事故はまさに非常事態ですね。では名詞形の emergence は？」

「同じではないのですか？」

「羽化という意味があります。サナギになった毛虫が脱皮して蝶になる、羽化」

1960年代に私はこのお堂にしばらく住んでいました。近くのコンノート・サーカスの一角に「インディアン・コーヒーハウス」という大きなカフェがあって、世界中からやってくる旅人たちでいつもにぎわっていました。そんな若者たちがよくジャンタマンターにもやってきて、このテラスで昼寝をしたり、話をしたりしていました。そんなとき、話によく出てくる一つのキーワードがありました。「too late」という言葉です。

Too late……手遅れ。

「何が手遅れ……なんですか？」ナギがたずねた。

「文明は手遅れだ、というのです」オキナが語った。

文明列車は暴走している。レールは断崖絶壁に向かっている。列車は止まることも、方向を変えることもできない。現代文明は破滅へ向かっている……50年前の若者たちもそんな危機意識を抱いて世界を旅していました。ベトナム戦争が激化して核戦争の脅威が迫っていました。文明列車から降りてどこへ行けばよいのか模索していたのです。ビートルズがインドへやってきたのもその頃です。

## 成長の限界

アポロ11号が月面着陸した1969年に、欧米の経済団体「ローマクラブ」がマサチューセッツ工科大学に、科学的な未来予測の研究を依頼しました。彼らもまた資本主義の未来に危機感を抱いたのです。

そのレポートは1972年に『成長の限界』というタイトルで発表され、世界に衝撃を与えました。

宇宙に浮かぶ小さな星の上で、経済が無限に成長できないことは誰にでも容易に想像できます。ＭＩＴの研究者たちは、そのことを数々のデータをもとに、疑う余地のないものにしてみせました。結論はとてもシンプルでした。

「このまま成長を続ければ、近い将来、成長は限界に達する」

資本主義には成長が不可欠です。「成長の限界」とは「資本主義の限界」を意味します。危機感をつのらせた欧米諸国と経済界は70年代に6つの科学的未来予測を行いました。その最後に発表された『西暦２０００年の地球』（"The Global 2000 Report to the President" 1980）は合衆国政府が総力を挙げて研究したもので、データはさらに広範囲に、緻密になったけれど、結論はおなじでした。

「有限の地球で無限の成長はできない。経済成長は西暦２０００年には行き詰まる」

すべての結論が疑いようもなく明確だったので、それ以降に未来予測はなされていません。代わりに80年代には、状況への対応について、激しい論争が繰り広げられました。

国連内に「気候変動に関する政府間パネル（ＩＰＣＣ）」が設立され、92年にリオデジャネイロで「環境サミット」が開かれることになりました。サミットでは地球温暖化防止条約を採択してＣＯ２の排出枠を決め、国ごとの目標値が設定されることになりました。ＣＯ２

の排出を抑制するということは経済活動を抑制するということに他なりません。経済界にとっては死活問題でした。

ターニングポイントは１９８９年でした。

ポーランドで選挙がおこなわれて「連帯」が勝利しました。同じ日に中国では天安門事件が発生しました。秋にはベルリンの壁が壊され、ソ連の瓦解がはじまりました。東西の冷戦が終わり、アメリカが勝ち残ったように見えました。

成長の限界、環境危機、ソ連崩壊……この状況に資本主義はどう対応するのか？

選択肢はケインズ学派の経済かシカゴ学派の経済かでした。

ケインズ学派は弱者に配慮し、人道的で、富の再配分がより平等です。地球温暖化問題では痛みを分かち合って自然と共存しようとします。

一方のシカゴ学派は市場原理主義に立って、自由競争を重んじ、環境問題では「強者がすべてを取るべきだ」とする新自由主義を主張しました。

## 新世界秩序

１９８９年、資本主義は後者を選択しました。

資本主義の中枢であるＩＭＦと世界銀行とアメリカ財務省が合意した結論です。これらの機関がワシントンにあるので、この決定は「ワシントン・コンセンサス」とよばれました。

合意の内容は、市場原理主義の採用、貿易と金融の自由化、規制緩和と民営化など新自由主義の経済理論であり、目標は国々の貿易障壁を取り払って世界を単一の自由経済圏にすることでした。国家による規制を解除して企業活動を自由に行えるようにし、その経済力で国家を支配して、「成長の限界」に備えようというのです。

ピラミッドの頂点に金融資本が君臨し、多国籍企業を従え、その下で軍隊が国家と国民を支配する。1％のスーパーリッチが99％の人類の上に立ち、地球を企業の植民地にする……それがＩＭＦと世界銀行と米財務省を動かす資本主義のエリートたちの描いた「成長の限界」を乗りきるヴィジョンでした。彼らはそれを「新世界秩序」とよび、その戦略を「グローバリズム」と名づけました。

リオの環境サミットでは、各国が歩み寄って、痛みを分かち合うことが期待されていました。会議の冒頭で事務局長は「世界全体を救うか、それともだれひとり救われないか、二つに一つなのです」と訴えました。ところが演壇に立ったアメリカ合衆国の大統領ジョージ・ブッシュは、「われわれはアメリカ式の豊かな生活も、成長と利益も、断じてあきらめるつもりはない」と宣言して、地球温暖化防止条約を台無しにしてしまいました。

世界を一本の大きな樹と考えてみましょう。

毛虫があちこちの枝に発生して葉を食べています。

毛虫が太り、繁殖し、食べる量が増えて、消費に葉の成長が追いつかなくなります。

このままでは葉が食べつくされて樹が死んでしまう。そうなったら誰も生きていけない。

そこで代表が集まって「サステナブルな消費」を話し合い、それぞれの枝の毛虫が食べる量をどれだけ減らすべきか、決めることになりました。

ところがそこに「そんな取り決めには従わない」という毛虫が現れたのです。

いちばんデカくて、いちばん強いアメリカン毛虫です。

「エー！　樹が死んだらみんな生きられなくなるでしょう！」

「死ぬ奴は死ねばよい。オレたちはこれまで通り食いたいだけ食う」と傲慢にもアメリカンは言い放ちました。「自然界は生存競争で成り立っている。弱いものは滅び、強く賢い者だけが生き残る。優秀な者が生き残ることで世界は良くなってゆくのだ。経済競争は自由でなければならない」

**ショック・ドクトリン**

「そのような闇の力はどこから来るのですか？」ナギがたずねた。

「陰です」

「陰……？」

「陰とは光の知識の不在です。闇の力は無知によって支えられます」

「文明列車は方向転換をせず、ブレーキもかけずに、そのままレールの上を走ったのですね」

「むしろ加速して」

「原発事故後の日本のように？」

「そう、311後の日本のように」

オキナはつづけた。

歴史は暗転し、坂道を転がるように破滅へ向かいました。

911後のアメリカではニューヨークの大惨事より何百倍もひどいことがおきました。「人民の人民による人民のためのアメリカ」が、「企業の企業による企業のためのアメリカ」になってしまいました。

貧富の差が一気に拡大して、1％のスーパーリッチが国富の50％を手にし、上位20％で国富の90％を占め、80％の国民のためには10％しか残されなくなってしまいました。

世界貿易センタービル爆破事件のあと、人々がショックで茫然自失している隙に、テロとの戦いという名目でイラク戦争がはじめられました。しかし攻撃の理由とされた大量破壊兵器は存在せず、テロとの関わりも見つかりません。では何のための戦争だったのでしょう。大きな犠牲を払い、多額の税金を投入したにもかかわらず、イラクのためにもアメリカのためにもならなかったのでしょうか。いや、実際には欧米の巨大資本や軍産複合体、石油メジャーなどが、ありとあらゆる利権を、奪えるだけ奪い尽くして、大もうけしていたのです。

スーパーリッチは法律を金で買いました。議会でつくられる法律や裁判所の判決、行政のサービスなどをえるために、企業はロビー活動にふんだんにお金を使いました。議員や役人や裁判官たちはしだいにお金の中毒になり、企業のいいなりになりました。

企業のための民営化と規制緩和の法案が連邦議会で成立する一方、福祉政策は縮小または廃止され、医療も教育も、警察や消防署や刑務所までが民営化されて市場原理にさらされて、株主の利益が優先されました。巨大資本が経済力で司法・行政・議会それにマスコミを買い占めて国家を乗っ取ったのです。彼らはそれをレジームチェンジとよびますが、それはまさにクーデターでした。

## ハゲタカにおそわれた羊のように

おなじことが311後の日本にもおきました。

新自由主義経済の旗頭であるシカゴ学派のミルトン・フリードマンが『資本主義と自由』

に「現実の、あるいは現実と受けとめられた危機のみが、真の変革をもたらす。危機において取られる対策は、手近にどんな構想があるかによって決まる。われわれの基本的な役割はここにある。すなわち既存の政策に代わる政策を提案して、政治的に不可能であったことが不可避になるまでそれを維持し、生かしておくことである」と書いています。いわゆる「ショック・ドクトリン」です。

また「ワシントン・コンセンサス」という言葉の産みの親であるジョン・ウイリアムソンはつぎのように述べました。「国家は真の苦境に陥ったときにのみ自由市場という苦い薬を受け入れる。どの国も、衝撃を受けたときにはじめてショック療法の前にひれ伏すのだ。こうした最悪の事態はまたとないチャンスになる」

311はグローバリズムにとって願ってもないチャンスでした。

好機到来とみた彼らはショックに我を失った日本に猛然と襲いかかりました。

アキレス腱を切った日本には抵抗する力がありませんでした。

米軍直属のシンクタンクCSIS（戦略的国際問題研究所）が2012年の自民党総裁選挙の直前に突きつけた『日本への提言』という文書は、提言を実行する者を日本の首相にするという意思表示でした。日本政府がその後にとった政策は、原発の再稼働、TPP参加、秘密保護法の制定、集団的自衛権行使の容認、安保法制改定など、アメリカの要求をそっくりそのまま丸呑みするものでした。

首相のスキャンダルに国民の目が釘付けになっている陰で、莫大な国民の富が略奪され続けました。福祉予算が削られ、国民年金が奪われ、公共水道が売却され、日本人の食をまもる種子法も廃止されました。貧富の格差がみるみる広がり、膨大な貧困層が生みだされました。

財界、政界、官僚、マスコミが経済エリートに掌握されて、国家が思いのままに手繰られるようになってしまいました。

「ハゲタカにおそわれた羊のように……」ナギはため息をついた。

# 7　考える私

## 列車は止まらない

「もしも1%の果実が99%の養分を奪い取ってしまったとしたら、樹は死んでしまうでしょう」オキナがいった。

「1%が99%を支配する世界は持続できないと思います」ナギがいった。

「ある国際NGOが最近発表したデータ（Oxfam 2019,1,22）によれば、世界でこの1年間に生みだされた富の82%を1%の富裕層が得ているということです。また上位26人の富豪の持つ資産が世界人口の半数にあたる38億人の貧困層が持つ資産とほぼ同額であると報じています。NGOの事務局長が、『これは経済発展を示唆するものではなく経済システムの破綻の兆しだ』と述べています」オキナが語った。

世界経済を動かしている巨大企業の主要株主は、今日ではほとんどが投資会社です。投資会社はスーパーコンピューターを駆使して一秒間に数万回という取り引きを、世界中で24時間休みなく行っています。おまけに金融市場では莫大な額の金融派生商品（デリバティブ）取り引きが行われて、現代の錬金術師たちが大儲けしています。そしてリーマンショックのような市場破綻がおきると、国民の税金が投入されます。

コンピューターはただ利益を上げるためにプログラムされています。投資する企業が何を作り、何を行い、社会的にどんな貢献をするか、あるいは害をなすかなどは一切考慮されません。環境に配慮する企業はそれだけ利益が減るでしょう。すると利益を優先する別の企業に投資します。

コンピューターには愛も善意もありません。計算するだけです。

人はお金に服従し、マユの中の生命を汚し、壊して、自分自身を苦しめています。

遺伝子組み換え、農薬や除草剤で死んでしまう蜜蜂、食肉にされる動物への虐待……血も涙もない。

「血や涙のあるコンピューターなどありません」

「プログラムする人の心が、それを見失ったのです」

儲ければ経営者は多額のボーナスをもらい、損失をだすとたちまち首を切られます。悪い会社ほど儲けが大きいので、しだいに多くの企業がブラック化していきます。いちばん儲かるのは軍需産業でしょう。戦争が起きればもっと儲かります。そのために危機が煽られて戦争が起こされます。

福島では、事故を起こした原子炉の廃炉どころか、メルトダウン終息のメドさえ立っていません。汚染水が海に流され、除染された土壌も山積されたままです。甲状腺癌や白血病などの健康被害にも国は向き合おうとさえしません。その一方で全国の原発を再稼働させようと躍起になっています。すべてお金のためです。

「フクシマはオリンピックというフタで覆われてしまいました」ナギは吐き捨てるようにいった。「何も解決されないまま、列車が走り続けています」

オキナがいった。

「列車の名前は『マネーファースト』、終着駅の名は『インタレスト（利益）』です。どこまで行ってもたどり着かない駅。too late といっていた頃から半世紀たって、列車はいま断崖から墜落しはじめています」

## 文明崩壊

ナギがいった。

「さっきの聖典の言葉をもう一度聞かせてください」

「感覚の対象を見、思うことで、執着が生じる。執着から欲望がおこり、欲望が遂げられないと怒りが生じる。怒りから迷妄が生まれ、迷妄によって記憶が失われ、記憶が失われると知性が混乱して、人は堕落する」

「ほんとうにそのとおりなのですね」

「『成長の限界』には『世界人口、工業化、汚染、食糧生産および資源の使用の現在の成長率が不変のまま続くならば、来たる100年以内に地球上の成長は限界に達するであろう。もっとも起こる見込みの強い結末は人口と工業力のかなり突然の、制御不可能な減少であろう』と書かれています」

「人口と工業力のかなり突然の制御不可能な減少?」

「資本主義が破綻して、文明は崩壊するでしょう。火の洪水におそわれて」

「持続可能にすることはできないのですか?」

「できません」オキナは断言した。「現代文明が破綻して、持続可能な新しい文明が誕生します」

「誕生?」

「エマージェンシーのメインイベントは死ではなく誕生です。文明史を研究したA・トインビーという歴史学者が『ある文明が崩壊すると、崩壊の原因となった問題を解決する、新しい文明が誕生する』といっています」

「問題を解決する文明？」

「彼は『文明の誕生から滅亡までの寿命はおおよそ500年であり、ひとつの文明が崩壊すると、崩壊の原因となった問題を解決する新しい文明が誕生して、救世主の役割を果たす』ともいっています」

「救い主……」

「またトインビーと同時代の物理学者アインシュタインは、『ある問題を生じた同じマインドセットによってその問題を解決することはできない』と述べています。新しい文明は、古い文明と異なるマインドセットによって問題を解決する、ということです」

ナミはたずねた。

「マインドセットって何ですか？」

「思考方法です。考え方の枠組といってもいいけれど」

「戦争と環境問題が崩壊の原因です」とナギがいった。

「新しいマインドセットを知るためには戦争と環境問題を生んだ現代文明のマインドセットを知らなければなりません」

それからオキナは遠くを見るような眼差しで、「デリーは、9回生まれ替わりました」といった。「インダス文明が栄えたのは4500年前です。それから5000年の歴史が9回くり返されました。この天文台は400年ほど昔のものですが、その下にも、その下にも、古い文明の遺跡が何層にも重なっています」

文明崩壊と聞いてナミは慄えたけれど、デリーが9回生まれ替わったって聞いたら、なんだかそれもフツーのことに思えてきた。

## 西洋文明の歴史

「西洋文明の誕生から死までの500年の歴史を、うんと短く、5分間で眺めてみましょう」

オキナが語った。

15世紀のルネッサンスは、レオナルド・ダ・ビンチ、ミケランジェロ、ラファエロのような天才たちがイタリアに現れた西洋文明の夜明けでした。

16世紀は、ポルトガルやスペインの、朝日が昇るような大航海の時代でした。アメリカ大陸が発見され、マゼランが世界一周航路を開き、商人たちが貿易で富を築きました。

17世紀には科学革命が起きます。教会の厳しい弾圧にも屈せず、ガリレオ・ガリレイやデカルトやニュートンたちによって自然科学が発展し、天動説から地動説へ、世界観がコペルニクス的転回をとげます。

18世紀は、西洋文明の真上に太陽が輝いた時代です。科学技術の発達によってイギリスでは産業革命が起きて資本主義的な経済発展をもたらしました。また自由・平等を理念に掲げた啓蒙思想が芸術・哲学・政治に飛躍的な発展をもたらして、フランス革命を引き起こし、絶対王政に代わるブルジョワジーの市民社会が形成されました。ドイツでもゲーテ、シラー、モーツァルト、ベートーベンのような天才アーティストたちがキラ星のように輝いています。

19世紀になると、ヨーロッパの教会や貴族社会から遠く離れた新世界に、科学技術と啓蒙思想と民主主義によるアメリカ合衆国が誕生します。純粋な現代文明による実験的な国家でした。アメリカの黒船が日本にやって来て開国をせまりました。一方ヨーロッパでも絵画、音楽、文学などが開花して、パリでは万国博覧会が華々しく開かれました。西洋文明がもっとも繁栄した時代です。

20世紀、文明は自動車を作り、核を開発し、コンピューターを発明して、月にまで行きました。しかしニーチェが「神は死んだ」といったように、文明は急速に斜陽化して破滅へ向かいます。世界恐慌が起きて、第一次世界大戦、第二次世界大戦と、大きな戦争が続きます。そして『成長の限界』を迎え、原発が事故を起こして、文明は闇に包まれていきます。

## 考える私

「私は在る、私は存在する」

これは『省察』に書かれたデカルトの言葉です。その前に出版された『方法序説』には「我思う、ゆえに我在り」と書いています。

「考える私が、存在する！」それが教会の神学からの解放と自由を求める科学者たちの叫びでした。

近代哲学の父と称されるデカルトのこの「考える私」こそ、中世の「神」に代わって現代文明のマインドセットの基礎におかれた「私」でした。

デカルトの『Meditation（省察）』は「私は誰か」の探究でした。

「私とは何であるか？　それは考えるものである。すなわち疑い、理解し、肯定し、否定し、欲し、欲さず、また想像し、感覚するものである」と『省察』で彼はいっています。またその「定義」には「Cogitatio（思考）とは、意思、知性、想像力、感覚の全ての働き、思考である」と書いています。それは頭脳の働きであり、自我の働きです。

「疑い、理解し、判断し、意思し、想像し、感覚する」私とは、果実としての私であり、樹木としての真我ではありません。デカルトが近代哲学の基礎においた「cogito ego（考える私）」とは、果実としてのエゴです。

1634年にガリレオ・ガリレイは宗教裁判にかけられ、「地動説」を放棄するよう命じられます。デカルトが『方法序説』を書いたのはその宗教裁判の最中のことでした。

ルネッサンスから人々がもとめてきたヒューマニズムと科学的学問は一神教の神の絶対的権威によって塞がれていました。コペルニクスが太陽中心説をとなえ、ガリレオが望遠鏡やさまざまな実験によって天動説を否定し、マゼランの地球周航によって地球が球体であることが証明されてもなお、教会は科学的思想に厳しい弾圧を続けました。

その当時、「我在り」という宣言は、教会の神の権威に対する開き直りともいえるような革命的な言葉だったのです。

デカルトは神への信仰を持っていました。理性と科学的方法を自分にもたらし導いたのは神の霊感であると書いています。しかし教会の神学を支えてきた天動説が誤りであることは明らかでした。新しい学問はその基礎に、神ではなく人間の理性を、置く必要がありました。

神の真理と科学的真理を統合するためにデカルトは心身二元論を唱えました。精神と物質をそれぞれ独立した実体として、精神的には神と教会への忠誠を誓い、自然科学に限定して方法論の基礎に「我」をおいたのです。

デカルトの「精神・物質二元論」はいわば「樹木・果実二元論」といっていいでしょう。それに対して古い教会の主張は「樹木の一元論」でした。(注)

デカルトの二元論は、渋々ながら教会に認められてなんとか弾圧を免れたのですが、まもなくニュートンやスピノザたちの機械論によって否定されます。市民権を得るやいなや科学はデカルトの精神的な前提を否定して唯物論へ傾斜していきました。

## 分裂する文明

自転している地球上では、昼と夜があるようにあらゆるものに陰陽があり、光と闇がありました。西洋文明の光の部分は市民の自由と平等を掲げながら、闇の部分では奴隷貿易や植民地からの搾取がおこなわれました。奴隷制度が廃止された後も人種差別は続きました。物質文明は繁栄の陰で人間の欲望を解放し、欲望は満足することを知らず膨らみ続けました。バブルは人を傲慢にし、不況は恐怖と怒りを生みます。戦争が終わることなく続きました。自然からの略奪も続きました。海からも大地からも奪えるだけ奪い、破壊したあとには砂漠とゴミの山が残されました。

広い海を思い浮かべてみましょう。

一面の海には、前も後ろも、右も左もありません。そこへ一艘の船がやってきます。その船から見るとき、海は前後左右に分かれて見えます。ほんらい海は分かれていません。通過する船にとって一時的に分かれて見えるだけです。

海が分かれていないように、生命の樹は分かれていません。しかし果実＝個人を基に見ると、森羅万象が前後、左右、善悪、自他、損得……と分かれて見えます。

果実の寿命と樹木の寿命の違いを思いだしてください。分かれて見えることと、分かれていないことと、どっちが本質的で、実在でしょうか。どっちが優先されるべきでしょうか？樹木を忘れてしまったら、果実は何によって、どうやって統合されるのでしょう？

人間中心のマインドセットによって科学は発達しました。しかし同時に二元論は分断と分裂を生んで、戦争と環境破壊、そして1％が99％を支配するという悪夢に陥ってしまいました。

中世のキリスト教社会には、教会を中心に宇宙が運行しているという天動説の迷信がありました。その世界観への批判から科学が誕生しました。だけど現代文明も、人間中心に環境が存在するという、天動説と同じような錯誤に陥ったのです。そのマインドセットが環境破壊の原因です。

## 自己疎外

人間主義によって誕生した西洋文明は人間主義によって破綻しました。

人間主義には、コインの両面ともいえる二つの錯誤があります。一つは自分を果実だと信じること。もう一つは樹木を見失うことです。

果実が成長するプロセスを想像してみましょう。

樹木の枝に花が咲きます。受粉して花が散ると、そこに小さな果実が誕生します。外向きに咲いた花は樹木を見ません。花から生まれた果実も樹木の表面で、外へ向かって成長します。

そのように誕生し成長する過程で、人は自分を産み育てている《生命の樹》を離れ、忘れ、別個の存在になってゆきます。つまり自我の形成は、本来の自己から疎遠になり、他者的な存在となって、自己の本性を喪失してゆくプロセスでもあるのです。ヘーゲルは自己形成にともなうそのような精神現象を「自己疎外」という哲学用語で表しました。

ヘーゲルはドイツで1770年に生まれ、1831年に亡くなりました。それはまさにヨーロッパで三大革命（産業革命、アメリカ合衆国独立、フランス革命）が起きた時代でした。彼は自身が成長してゆく青年期に、文明が唯物主義化してゆくなかで、人間性の本質を見失い、自己疎外してゆく社会の精神現象をまざまざと見たのでしょう。

西洋文明の哲学的な変容を振り返ってみましょう。

17世紀――デカルトの「考える私」を基礎においた近代哲学が生まれます。

18世紀――啓蒙思想が人間主義を唱え、科学技術の発達と産業革命によって物質主義化します。

19世紀――資本主義が興り、思想がさらに唯物論に傾斜して、倫理や道徳の基礎が見失わ

郵便はがき

料金受取人払郵便

鹿児島東局
承認
300

差出有効期間
2027年2月
4日まで

有効期限が
切れましたら
切手を貼って
お出し下さい

892-8790

168

鹿児島市下田町二九二―一

図書出版
南方新社 行

| ふりがな<br>氏　名 | | 年齢　　歳 |
|---|---|---|
| 住　所 | 郵便番号　　　－ | |
| Eメール | | |
| 職業又は<br>学校名 | | 電話（自宅・職場）<br>（　　） |
| 購入書店名<br>（所在地） | | 購入日　　月　　日 |

## 書名　(　　　　　　　　　　　　　)愛読者カード

本書についてのご感想をおきかせください。また、今後の企画についてのご意見もおきかせください。

本書購入の動機（○で囲んでください）

A　新聞・雑誌で　（　紙・誌名　　　　　　　　　　　）

B　書店で　C　人にすすめられて　D　ダイレクトメールで

E　その他　（　　　　　　　　　　　　　　　　　　　）

購読されている新聞，雑誌名

新聞　（　　　　　　　　）　雑誌　（　　　　　　　　）

直接購読申込欄

| 本状でご注文くださいますと、郵便振替用紙と注文書籍をお送りします。内容確認の後、代金を振り込んでください。（送料は無料） | |
|---|---|
| 書名 | 冊 |
| 書名 | 冊 |
| 書名 | 冊 |
| 書名 | 冊 |

れます。マルクスは人間疎外する資本主義の生産と制度を問題としてとらえ、ゴーギャンは描いた絵に「我々はどこから来たか。我々とは何者か。我々はどこへ行くのか」というタイトルをつけて自己喪失をあらわにします。

20世紀になると、経済恐慌と二度の世界大戦を経て、疎外と喪失のために満たされない文明の「欲望という名の電車」が暴走し、ローリング・ストーンズが「I can get no satisfaction」と叫びます。

疎外を英語ではエイリアネーションといいます。エイリアンになる。異星人になるというのではありません。異物になるという意味です。エイリアン化した文明が地球マユの新生物、癌になったのです。

ナギは熱心にオキナの話に耳を傾けていた。

オキナの静かな語りとナギの高揚したバイブレーションが、ナミの胸に響いた。

いまはじまろうとしている、新しい文明の誕生の時代に、自分が生きていることを感じた。

そして夜明け前の草陰で、震えながら羽が乾くのを待っている、生まれたばかりの蝶々を想った。

（注）一神教の神がすべてを支配するという一元論は、二元論の中の一者が全体を支配するものであり、非二元論ではありません。インド哲学と西洋哲学では二元論の意味が少し異なります。デカルトの精神・物質二元論とは西洋哲学上の二元論です。一方、事象が個々に分離して見られるという意味の二元論はインド哲学上の概念です。

# 8　内なる光

## 私は光

「もしも太陽がなくなったら、どうなるでしょう?」とオキナがいった。

「まっくら……」ナミは答えた。「すっごく寒くなる」

「食べものがなくなり……」ナギがいった。「生きものがいなくなります」

「水は循環せず、風も吹かず、海が凍ってしまうでしょうね」オキナが語った。

ウパニシャッドというインドの聖典に「太陽を輝かせているものと、私を生かしているものは、同じ一つのものである」という言葉があります。

それは光です。光によって太陽は輝きます。その光によって地球の生命体は生きており、すべての生きものが生かされています。

「私は誰か」と探究してゆくと、ほんとうの私は《生命の樹》だと前にいいましたが、さらに尋ねると、その源は太陽から放射されている「光」です。

私は光……。

太陽から見れば、地球は太陽系の一部です。

月が地球の一部であるように、地球は太陽の一部です。

地球生命体である前に、私たちは光です。

あらゆるものは光です。

生命力は光の熱であり、意識とは光の明るさです。

「一切は光であるという認識が光の非二元です。絶対の非二元。太陽系非二元論といってもいいでしょう」とオキナがいった。

そのとき突然、ナミは「ああ私は、この光に生かされているんだ！」と実感した。

菩提樹も、木の葉も、草も、お堂も、花も、レンガ塀も、小鳥たちも、あらゆるものが光によって生まれ、光に生かされている。というより、みんな光だった。すべてが活き活きとして、風のそよぎにも光を感じた。

そんなふうにものが見えたのは初めてだった。光によってみんなつながってる……まるで光の海を泳いでいる魚のように……周りに見るすべてとつながっている感覚。はじめて感じる不思議な気づきだった。愛とよんでいいのかもしれないけれど、言葉ではあらわせない喜びに、胸がいっぱいになった。

「太陽を輝かせているものと、みんなを生かしているものは、おなじ光……」

そのことを心の奥に感じて、ナミは至福につつまれた。

## 地球マユの非二元

「とはいえ、地球以外には、金星にも火星にも、生命は存在しません」オキナはつづけた。これほど科学が発達したのに、銀河系にも、ほかのどの宇宙にも生命体はまだ発見されていません。ですから「地球があるから生命体がある」のも事実です。

生命力は光のエネルギーです。そして身体や物質の材料は地球のものです。

地球マユはあらゆるものの母体であり、生命を生みだすお母さんのような存在です。私たちはそこから生まれ、そこへ帰ります。

マユの中の生命の海においてあらゆるものはつながっています。バラバラではありません。だれも独りぼっちではありません。これは「地球（生命体）の非二元」です。光の「絶対的非二元論」に対して「現象の非二元論」といえるでしょう。

いま私たちの現実的な関心は文明の問題にあります。終わりのない戦争をつづけ、気象変動をもたらし、自然を破壊し、フクシマの過酷な原発事故を起こして破綻した現代文明。その問題を解決する新しい文明のあり方を考えるとき、私たちは焦点を地球マユの中の宇宙に合わせる必要があります。なぜなら問題は太陽系でも銀河系宇宙でもなく、地球マユの中で起きているのですから。

私たちはマユの中のサナギのような《生命の樹》が持続可能であるような文明を実現しなければなりません。ですから、ここでは非二元論を地球マユに限定して考えることにしましょう。それがいま最も重大な危機に陥っているのです。破綻した文明のために地球上のすべての生きものたちが苦しんでいるのです。

## 水に映った太陽

オキナは立ち上がって、菩提樹の根元にあった木製の蓋を開けた。そこには井戸があった。縄のついたバケツで水を汲んで、コップに注ぎ、オキナはそれを私たちの間においた。

「見てごらん、ここに太陽が映っています」

コップを覗くと、お日さまが映って揺れている。

「小さな太陽です」オキナがいった。「本物の太陽はあんなに大きくて明るいのに、こんな小さなコップに入っている」

私たちの目に映っている太陽も、明るく見えてはいても、コップの水に映った太陽とおなじように本物とは比べものにならないほど小さくて暗い映像です。

海の表面では無数の波の一つ一つに小さな太陽が映っています。そのように私たちの目と脳に映っている太陽は、光のカケラにすぎません。

太陽だけでなく、私たちの五感が見て、聞いて、感じるものはすべてリアルではなく、暗く小さく、その上に鏡に映るように倒錯し、自己中心的に歪んで見えています。

私たちは外部のものごとを、正しくあるがままに認識しているように思っていますが、実際にはそうではありません。ほら、そこを歩いている蟻には、いま私たちが見ているような広い世界は見えていないでしょう。そのように私たちにも地球や宇宙は正しく見えていないのです。ほんとうはごく一部しか見ていないのに、自分にはすべてが正しく見えていると思いこんでいます。

ふだん私たちは、樹木のように見ることはできません。樹木のように感じることも、樹木のように考えることもできません。だから樹木として行動することができません。そのために行動を誤ります。幸福をもとめて、苦しみや悲しみを味わうことになるのは、それだからです。

## 内面的な認知

ものごとを知ることを認知といいます。

認知の方法には外的と内的の二つがあります。

「合理と直感、ですか」ナギがいった。

「いいえ、その両方に内面的と外面的な認知があります」オキナが語った。

外的な認知は感覚器官と脳の働きによって、見たり聞いたり感じたりしたことを脳が認知します。ふだんの一般的な認知です。科学的方法も、観察したことを脳が識別し、思考して、外面的に認知します。

内的な認知は、頭や感覚器官ではなく、内面の意識によってなされます。内観やヴィパッサナーの方法です。

瞑想は、目や耳を閉じて感覚器官の働きを止め、頭も空っぽにして……無念無想……座りますね。

意識が、より深い、より純粋な意識に気づきながら、意識の源へ向かいます。濁流をさかのぼって、小さな清流へ、さらに水源へとさかのぼるように。

ふだんの私たちの心は落ち着きなく外部に散乱しています。「猿が、酒に酔い、スズメバチに刺されたような……」と笑い話でいわれますが、そんな心の状態で内面の意識を見ることはできません。

心はコップのなかの水のようです。水の奥底を認知するためには、水が清らかで、静かにならなければなりません。そのためにコップの動きを止めて、静かな場所に置いて、しばらく動かさないようにします。そうするだけでも、心身が落ち着きと、安らぎと、懐かしさを感じます。

果実の生命エネルギーは樹木から注がれます。そのように果実の意識は樹木意識によって照らされています。

樹木の意識が果実に注がれる接点が果実の中心＝ハートです。ハートに差している意識が脳を照らし、脳に反射した意識が自意識として働いて、感覚器官を通して外部の現象を認知します。

内的な認知は、そのプロセスを逆に源へさかのぼって、たどります。

脳から外部へ向かって散乱する意識を止めて、内面へ向け変えます。

それから内面に向けられた意識が、ハートに集中して、安定します。

意識がさらに内面に深く潜ると、ハートの源に留まり、安らぎます。

脳も感覚器官も働きを止め、樹木の意識がそこに注がれつづけます。

精神のこの状態はディヤーナ（瞑想）とよばれます。それが中国で「禅」と音訳されました。

エゴに影響される以前のこの純粋な意識は、さらに接点であるハートを通って、果実から樹木の側へ帰ることがあります。すると果実意識が樹木意識に溶けこんで完全に失われてしまいます。その状態は「サマーディ」とよばれ、「三昧《さんまい》」と音訳されています。

そこで認知される意識は、太陽が無数に輝いているような光の海であるといわれます。

私たちに太陽がどんなに眩しく見えるとしても、コップの水に映る太陽のように、それは小さく暗いものです。しかしそのような光を無数の生物生類が映しているマユ宇宙に満ちている光は、無数の小さな太陽を集めたような明るい光の海であるでしょう。

その光を内面でダイレクトに認知するとき、それは千個の太陽が輝いているように明るく、昼も夜もなく、常に輝いている実在の光です。実在する（サット）至福の（アーナンダ）意識（チット）。「愛」とも「知識」ともいわれる「それ」は「神」とよばれもするでしょう。

そして、私たちはみな本来「それ」なのです。あらゆるものが「それ」から生まれ、「それ」に帰ります。

ただ、果実として生まれてから死ぬまでの間、「それ」を忘れているだけです。

太陽の光は昼も夜もなく輝きつづけています。その光に照らされながら地球は回り続けています。そして地表には《生命の樹》が40億年間、存在しつづけています。

「それ」が存在するから私たちは存在し、森羅万象が存在します。

「それ」を内的に認知することによって、私たちは世界を樹木のように見、樹木のように感じ、樹木のように認識し、樹木のように行動することができるようになります。

『あなたは常にそれと合一している。そのことを知らなければならない。それ以外に知るべきことはない』とウパニシャッドに述べられています。

もちろん究極の内的な認知が誰にでもできるわけではないでしょう。しかし、外部に見る世界が「それ」に対して無知であることを自覚し、忘れないでいれば、私たちは錯誤を防ぎ、苦しみの原因となる行為を避けることができます。

## 《生命の樹》につながる

「外的な認知より内的な認知の方が優れているのですか?」とナギが尋ねた。

「外的な認知は個人が生活し、成長するために必要です。内的な認知は客観と気づきをもたらし、人格を成熟させます」とオキナは答えた。

外面的な認知は二元的であり、内面的な認知は非二元的です。

どちらか一方ではなく、内外両面の認知において、《生命の樹》を忘れないことが大切です。物理的にも精神的にも「それ」につながっていなければなりません。

物質・精神二元論から出発した西洋文明は、唯物主義へ傾斜してしまったことから、経済至上と拝金主義に陥って、戦争と環境破壊という苦い収穫を刈り取ることになりました。

苦しみと悲嘆を終わらせ、この星の生態系を持続可能にするためには、人は生命の源である地球マユの宇宙的実在に結ばれ、つながらなければなりません。いえ、もともとつながっており、分かれていないのですから、分離しているという錯誤から醒めるだけでいいのです。そうすれば無知に基づく行為が止むでしょう。

そうしない限り問題は解決しません。

存在の大本から自分自身を切り離したことから、痛みと苦しみ、恐怖と悲嘆におおわれ、文明はネガティヴに発展してしまいました。それを終わらせるには、生きとし生けるものの母体である《生命の樹》への愛をはぐくみ、それにしっかりとつながって、忘れないようにしなければなりません。

すべての果実は樹木であり、樹木がすべての果実になっています。樹木につながる果実はみんな家族です。すべての生きものをふくめて、みんな身内です。他人はいません。外国はなく、外国人もいません。

これは理想ではなく事実です。夢ではありません。夢を見ているのはむしろ現代文明です。アメリカンドリームが悪夢となって、世界中がおびえているのではないでしょうか。

分離は妄想です。その妄想から醒めることによって、人間疎外と自己喪失が解消し、戦争と環境破壊が終わるでしょう。

ナギがいった。

「50年前にここで『我々はどこから来たか？　我々とは何者か？　我々はどこへ行くのか？』という問題を考えていたといわれましたが、その答えは見つかりましたか？」

オキナは沈黙して、じっとナギを見つめた。

ナギも沈黙し、心に思った。

「僕たちは地球マユから来た。僕たちは地球マユの子供。僕たちは地球マユに帰る」

オキナが微笑んだ。

「わかりましたか」

「はい」

# 9　生命平和

## 文明の死と再生

「新しい文明のマインドセットは非二元なのですね」

「人が地球マユの生態系と一体であることを知って、そのように生活することで、戦争や環境問題は解決するでしょう」

「世界はほんとうに変わるでしょうか？」

「その心配は、誰がしているのですか？」

「僕です」

「そのあなたは、誰ですか？」

「地球マユ」

「そのようにして、常に自分が誰なのか思い出すようにすれば、変化は何によって起きるのか気づくことができます」

「《生命の樹》が変身するのですか?」

「それが果実の変身を促します」

「文明がメタモルフォーゼする」

「あなたたちは新しく誕生する文明です。それは《生命の樹》から産まれます」

「樹木につながっているだけでいいのですか」

「樹木とつながっていることに気づいてさえいれば」とオキナはいった。

ニーチェは『ツァラトゥストラはこう語った』で「神は死んだ」といいました。けれど、もちろん神は死にません。太陽は輝いているし、地球は回っています。現代人が神を見失っただけです。

ツァラトゥストラとは3000年ほど前にペルシャで興った拝火教の教祖ゾロアスターのドイツ語名です。ゾロアスター教はいまもインドで存続しています。西洋文明が見失った神をニーチェは東方に求めようとしたのでしょう。

文明は樹木の記憶を失うことによって堕落しました。どこへ行くのかを見失ったのです。

この100年間の文明史にはパラレルなトレンドがあります。一つは文明の死。もう一つは誕生です。

20世紀に入るとすぐにヨーロッパで第一次世界大戦が起きました。20年代の終わりに経済恐慌が起きて、40年代には第二次世界大戦に突入します。それから東西冷戦がはじまり、核軍拡競争によって膨大な核兵器がつくられました。70年代の科学的未来予測以後のことはすでに話しましたね。「成長の限界」を目前にした資本主義が新自由主義経済を選択し、1％が99％を支配する新世界秩序のピラミッドを構築しはじめます。そして911と311が起きました。

西洋文明に代わるマインドセットの模索と新しい時代意識の流れも20世紀になるとすぐにはじまりました。カフカが『変身』で文明への違和感を表明したのは第一次大戦がはじまった年です。それからサルトルやカミュたちの実存主義が文明への懐疑を哲学や文学で露わにする一方、ロマン・ロランやヘルマン・ヘッセはインドへの憧憬を語ります。第二次世界大戦が終わると、「怒れる若者たち」が「理由なき反抗」をはじめ、ビートニクは西洋文明を拒絶して東洋に精神文明を求めました。60年代のヒッピームーヴメントは文明社会からドロップアウトしてカウンターカルチャーを模索するもので、自給自足や農的な暮らしをしながら、非二元のリアリティーを内面的に探究しました。

このような時代意識の潮流は《生命の樹》によって起こされます。それをマザーアースとよんでも、お母さんとよんでも、グレイトスピリット、あるいはブラフマンや神といってもよいのですが、大いなる非二元の実在が「文明の死と再生」を起こしているのです。

「私はそれをお母さんとよぶのが好きです」オキナはナミにいった。「お母さんをインドではマーといいます。マーマーと、子猫のようにお母さんによびかけます」

カレーを料理するときに野菜を煮ますね。お湯が煮立ってくると、サイコロに切ったニンジンやジャガイモが踊り出すでしょう。野菜たちは自分で踊っていると思ってますが、ほんとうは鍋の下の火に踊らされているのです。そのように私たちの意識と行動の変化は《生命の樹》によって起こされています。お母さんが変化を起こしているのです。

「僕たちが心配することではないのですね」

「それにつながってさえいれば、自動的に変化します」

新世界秩序のピラミッドの頂点にもすでに亀裂が生じています。磁石の端っこをどんなに小さく切ってもS極とN極があるように、二元論のシステムには分裂と対立がつきものです。それが自然の摂理。それを「神」とよんでもいいでしょう。

「ピラミッドが壊れるとき、ひどいことが起きるのですか」とナギがいった。

「『人口と工業力のかなり突然の、制御不可能な減少……』と『成長の限界』には書かれていました」とオキナは答えた。

「emergency（危機）」ナギがつぶやいた。

「emergence（羽化）」とオキナはいった。

## 状況に適応すること

「僕たちは踊らされている。だけど踊ってばかりいるわけにいきません。現実にはどう行動すればいいいんですか？」

「ヒマラヤのある高名な聖者に、『ヨーガを日常生活の中でどのように実践したらよいでしょうか？』とたずねたとき、その方は『accommodation to the situation』と答えられました。situation は状況、accommodation は適応するという意味です」

「インドを旅行していると、ひどく困ることがしょっちゅうおきるでしょう。そんなとき母さんがいつも『臨機応変』っていってました」とナミがいった。

「そのとおりです。行き詰まったり困ったりしたときに、状況を受け入れて適応しようとすると、不思議に解決が見えてくるものです。反対に、こんなことはゼッタイ許せないと怒っていると、いつまでも解決しないし、もっと悪くなることもある」

「インド人は何でもノープロブレムっていいますよ」とナミがふくれた。

「ときどきひどい場合もあるけれど、あれはね、インド人がいいかげんだからだけでもないのです。彼らは神さまを深く信じている。だからほんとうに困ると、解決を神さまに任せるのです。神さまにすべてお任せしたらノープロブレムですからね」そういってオキナはクスクス笑った。

文明は地球マユの状況に適応しなければなりません。地球温暖化、放射能汚染、森林破壊、プラスチックゴミ……など深刻な問題が山積しています。その状況に目をつぶったら、問題は悪化するだけです。ノープロブレムではありません。誰が悪い、何が原因だと怒ってばかりいても解決しません。問題は深刻で切迫しています。状況を正しく見て、正しく知って、正しく適応し、正しく対応しなければなりません。状況を受け入れて適応すれば問題は解決されます。受け入れなかったり、あきらめたりしている限り、決して解決しません。

「そんなこと誰にできるのでしょう？　誰がやろうとするでしょうか？」ナギがいった。

「救世主です」オキナはいった。

「救世主が来るのですか？」

「トインビーが『新しい文明が救世主の役割を果たす』といったように」

ナギは考えこんでしまった。

## アロハとオーム

しばらくたって、ナギが口を開いた。

「僕たちが、やるのですか?」

「他に、いったい誰がやるでしょう? 大人たちはやらないし、できないでしょう」とオキナはいった。

「子供たちが?」ナミがいった。

「若者たちがめざめて、立ち上がるかどうかにかかっています」オキナがいった。

たしかに誰かがやらなければならない、とナミは思う。

えー、いったい誰が?

マユのお母さんが……子供たちに……やらせるの?

「現代社会の消費生活を人類が続けるには地球が10個必要だといわれます」オキナがいった。「その状況に適応するには消費量を10分の1にしなければなりません」

「そんなことをいったって誰も相手にしないでしょう」ナギが反論した。

「だけどそうなるはずです。このままでは破綻するのが明らかなのだから。状況には適応しなくてはなりません。development(発展)があれば envelopment(退行)があります。一方向的な発展は持続可能ではありません。それが自然の摂理です。新しい文明にはゼロへ向かう理念が必要です」オキナは語った。

われわれはどこに行くのか?という問いに対するゴーギャンの答えは、あの絵に描かれたタヒチでした。

ハワイ島は太平洋の小さな島だけど、雪が積もる高い山があります。豊かな水と亜熱帯の温暖な気候に育まれたジャングルの中に小さなチベット寺院がありました。さまざまな花がいっぱい咲いていて、甘い蜜の香りが濃厚に漂っています。小鳥たちが飛んで、クジャクが羽を広げて遊んでいます。そしてお寺の中には凛としたヒマラヤの静寂がみなぎっていました。外の楽園は消え、内なる光に満ちている、明るく澄んだ、軽やかな平安がありました。そのときそこで、地球全体がこんなふうになったらどんなにいいだろうと思いました。狩猟採集できる海と森、畑仕事の楽しみ、清らかな水と空気と土に抱かれる……アロハと、ヒマラヤの自由……オームがあれば、それで十分。他には何もいらない。

観光地のハワイでない、先住民のハワイは経済的には貧しいかもしれないけれど、自然も心もすばらしく豊かです。外面的に自然と親しみ、内面的にも内なる光につながっている……そのような文明なら地球が10個もいりません。10分の1の経済規模で満たされて喜ばしく暮らすことができるでしょう。

もちろんここで私はシンボリックに単純化して、自然に溶けこんで暮らしている先住民文化のマインドをアロハ、世界中の霊性の文化において内的に認知される非二元の愛と叡智をオームといっているのですが。

「ガンジー記念館に行ったとき、マハトマ・ガンジーの持ち物が展示してあるのを見ました」ナギがいった。「メガネと万年筆と、サンダルと糸車だけでした」

「持つものが少なければ少ないほど、人は自由です」とオキナはいった。

## 生命平和

「日本ではいま憲法が変えられようとしています。平和憲法を捨てて、軍隊を持って、徴兵制を復活させようとしています」とナギが心配を口にした。

「その改憲案は、行き暮れてしまった社会の幼児返りのようなものです」とオキナは語った。

文明列車はすでに絶壁から墜落しはじめています。

改憲・護憲の論争はその列車の中で行われています。

列車内でどんなに右往左往しても、レールは断崖へ向かっています。

右へ行っても左へ行っても、葉っぱを食べつくしたら毛虫は死ぬでしょう。

そのとき、列車が地面に激突する寸前に、羽化した蝶たちが一斉に飛び立つでしょう。

変身して飛び立つのは、新しい時代意識に目覚めた若者たちです。

はじめは1%に満たない少数でしょう。それでも新しい文明を創造して、救世主の役割を果たすでしょう。

「道がなければ、飛べばいいんだ」ナギがいった。

「その前に、動くのを止めて、サナギになって、内面を見つめます。するとそこに光を見ます」とオキナがいった。

「その光が羽化をうながすのですね」ナギがいった。

「そう、その温もりと明るさで」オキナは語った。「蝶になったら、状況に適応できます」


地球マユの水や空気を汚さない。生命の樹を傷つけない。原発を使わない。ゴミを生みださない。生きとし生けるものたちを慈しむ非暴力の文明が創造されるでしょう。それ以外方法はないのですから。まず自分自身がそのように生きる。だけどそれだけでは足りません。シャドー・フォースの破壊を抑止しなければなりません。

巨大なエンジンを持った文明には、それに見合うパワフルなステアリングとブレーキが必要です。憲法はその制御装置です。憲法によって、企業や国家に《生命の樹》を破壊させないよう歯止めをかけなければなりません。ブレーキをかけなければなりません。民主主義においてそれをなすのは市民の役目です。政府に「民主主義を返せ」と叫ぶのは、強盗に奪ったものを返せと叫ぶようなものでしょう。憲法は、国家ではなく、市民が自ら創ったときにはじめて機能します。それが民主主義ではないでしょうか。

二度と戦争をしないと誓った平和憲法は、戦争に倦み疲れた今日の世界の希望です。それは何としても護らなければなりません。

しかし憲法を、護りさえすればそれでよいのでしょうか？
平和憲法が存在し、戦争はしなかったけれど、原発の事故によって平和が失われてしまいました。人の生活だけでなく、森や畑や、海や川に住む多くの生きものたちの幸福を破壊してしまいました。

原発の事故から、私たちは、戦争を放棄するだけでは平和が護られないことを学びました。

３１１後の日本はどこへ行くのだろう？
問われているのはそのヴィジョンです。

平和憲法が制定されてから70年たちました。その間に環境破壊は桁外れにひどくなりました。70年前には存在しなかった地球規模の気候変動が文明崩壊の一因になりました。世界中に原発が建設され、戦争やテロは激化する一方です。

事故終息のメドさえ立たないままに全国の原発の再稼働を急ごうとする終末資本主義。平和憲法だけで平和を護ることができないのは明らかです。環境破壊を抑止する制御装置が必要です。山河をまもり生命をまもるための「いのちの憲法」ともよぶべき、新しいヴィジョンが必要です。ヒロシマをくり返さないために平和憲法が作られたように、フクシマをくりかえさないための「生命の憲法」を創る必要があります。

フクシマからよみがえる日本には、「富国強兵」ではなく「生命平和」という新しいヴィジョンが誕生するでしょう。憲法9条は一字一句変えてはなりません。その上で、平和憲法に生命の憲法を加味した「生命平和憲法」。

原発事故を起こしてしまった日本には、使命があります。

「生命平和憲法」を掲げて、生命平和な国をつくること。

生命平和憲法は地球上のすべての国にとって必要です。

日本は誕生する文明の雛形になるでしょう。ひどい事故だったけれど、あれから原発のない美しい地球がよみがえったと、七世代先の子供たちが語るように。

## 就職しないで生きるには

「日本だけが生命平和な国になったら、競争に負けてしまうのではないですか?」とナギがいった。

「競争に勝てる方法があるでしょうか?」オキナは答えた。「競争をやめることが勝利ではないでしょうか? 人間が地球マユの《生命の樹》を支配することはできません。自然を征服しようという考え方そのものが無知に基づいています。無知こそ文明崩壊の原因です」

「国はどうなるのですか？」

「縄張りによってできた合衆国を、アメリカの先住民は、大地に敷かれたカーペットのようなものと見なしました、いつかクルクルと巻いて片付けることができるものとして。文明の破綻、国家の崩壊とは、そのカーペットが炎上しているようなものです。それによって、覆われていた大地に光が差すことになるでしょう。国家を介さずに、大地と人が直接結ばれるようになるでしょう。文明は国家を超えて地球市民社会へ向かいます。国家は自治体として機能するようになるでしょう」

「経済力を失ってしまったら就職できなくなりませんか？」

「鳥や魚や虫たちが就職しているでしょうか」とオキナは語った。

人間以外のあらゆる生きものは就職しないで生きています。昔の人々も就職しないで暮らしていました。就職しないと生きていけないという迷信は最近つくられたものです。就職する人もあるでしょうが、自給自足が基本です。そこに自由があります。

「ウォー」ナギが吠えた。「就職しなくても生きていける!!」

「私も就職のことを考えたことがありました。そのときに気づいたのです、昔の人は誰も就職していなかったって。それから自給自足の生活をはじめました」

「できるんですか、自給自足なんて？」

「もちろん」オキナは微笑んだ。「それが生きものたちのほんらいの在り方です。《生命の樹》は自給自足しています。あらゆる生きものたちは自給自足しています。過疎地がいっぱいあるでしょう。人がいなくなった村もあります。仲間たちと一緒に、よく働いて、質素に暮らせば、だいじょうぶです。食べものも、家も、教育も、自分たちでつくればいい。十分の一の経済で十分に楽しく暮らせます」

## カタストロフィー

「カタストロフィーという言葉があります」

またまた難しいコトバ、と顔をしかめるナミを見て、オキナは気の毒そうに苦笑しながら「これで最後です」といった。

あるポイントを境に、自然現象や社会現象に不連続の質的変化がおきることをカタストロフィーといいます。たとえば沸点を超えると水が蒸気に変化するような。もともとシステムの不連続に関する数学理論なのですが、社会現象に関しては破局、異変、大惨事といった意味で使われます。

『成長の限界』で予測された「人口と工業力のかなり突然の、制御不可能な減少」とはカタストロフィー、つまり不連続の変化を意味しています。社会と経済システムの不連続とは

《文明の崩壊》に他なりません。

驚くべきことに科学によって興った文明が科学の警告に従いませんでした。危機に直面した資本主義は幼児返りをはじめたのです。植民地と奴隷からの搾取で元資本を蓄積した始まりへ。資本主義は新自由主義へ、新世界秩序へ、1%が99%を支配する新植民地主義へ暴走を続けました。高齢の老人が衰弱と病気の悪循環におちいるように、終末期の文明は負の連鎖に陥っていきました。

過酷な原発事故を起こした日本も、破局に直面して、明治時代の富国強兵憲法へと幼児返りをはじめました。改憲派も、それに反対する護憲派も、ともに古いシステムの枠組みの中で右往左往しているに過ぎません。それは毛虫が、右へ進むか左へ進むか、争っているようなものです。

しかし311は、戦後に築き上げてきた経済・国家システムが崩壊するほどのカタストロフィーです。5つの原子炉の崩壊は、日本限定ではなく、現代文明システム崩壊の先駆けでもあるはず。枠組みの中で右往左往していても問題は解決しません。状況は悪化するだけです。カタストロフィーに適応するには、枠組みを超えた、新しいシステムが誕生しなければなりません。

カタストロフィーという言葉は、社会現象では破局、大異変といった意味でつかわれますが、面白いことに、毛虫が蝶になるような不連続の変質もカタストロフィーです。

破局にメタモルフォーゼがおきるのです。

破局を受け入れなければ、変身はおきません。

枠組みの崩壊という状況に、向き合うことによってはじめて、変身がおきます。

落ちる、落ちる、と叫びながら、毛虫の悪夢から醒めて、生まれ変わった蝶が飛翔する。

そのようにしてメタモルフォーゼした文明がカタストロフィーを乗り越えます。

メタモルフォーゼをうながすのは地球マユです。

変身するのは、地球マユの子供たち。

歴史はカタストロフィーを受け入れ、変身することによって、状況を飛び超えるでしょう。

「破局に適応することなど、僕たちにできるのでしょうか?」とナギがいった。

「毛虫が羽化しようと努力するでしょうか」とオキナは答えた。「それは自然に起きます。

自然とは地球マユの宇宙の法則です。変身は自動的に起きるでしょう」

## 多数になる

「ほんとうに大切なのは、地球マユが僕たちに恵み深くあることよりも、僕たちが地球マユに恵み深くあることなのですね」とナギがいった。

「そのとき地球マユの恵みが最大になります。果実が樹木のために働くとき、樹木は喜んで果実を愛し、抱擁し、励ますでしょう。果実が満たされないわけがありません」オキナはいった。「改憲、護憲という毛虫の選択肢とは別に、もう一つの道があります。新しい文明のヴィジョンとしての生命の憲法を創る道です。いいえ、それを道とはいえません。羽化して空を飛ぶのですから」

「僕たちが生まれる前のはるか昔につくられた憲法を護るといっても、あまり実感が湧きません。だけど原発をなくすため、地球温暖化を止めるために新しい憲法を創るのなら、僕たちにとって切実です」

「非二元の生命憲法は非暴力的です。だから平和憲法を護る力になります」

変身した地球マユの子供たちは新しい文化を創造するでしょう。

敗戦というカタストロフィーを乗り越えて平和憲法が創られたように、３１１のカタストロフィーを乗り越える生命の憲法が誕生するでしょう。

古い枠組み

新しい枠組み

そのプロセスにおいて、子供たちは知恵とスキルを磨き、民主主義を実現するでしょう。原発を止めてくださいと、どんなに企業に頼んでも、原発はなくならないでしょう。民主主義を返せと、どんなに叫んだって、国は権力を手放しません。

民主主義は市民が自ら実現するものです。市民が自ら生命の憲法を創るとき、原発を止める力を、環境問題を解決する忍耐を、戦争をしない非暴力の知恵を、自ら学ぶでしょう。

３１１からの再生は、生命の憲法を創ることからはじまります。

生命の憲法は、自然への愛を母として、非二元の知識を父として、誕生するでしょう。

それは若者たちが政治と選挙に積極的に参加することによって、地方議会から国政まで大勢の若者が立候補することで、民主的に非暴力的に実現できるでしょう。

平和憲法を護り、生命の憲法を創る運動は、新しい文明のモデルとなるでしょう。

それを日本の、日本人の運動とよぶことはできませ

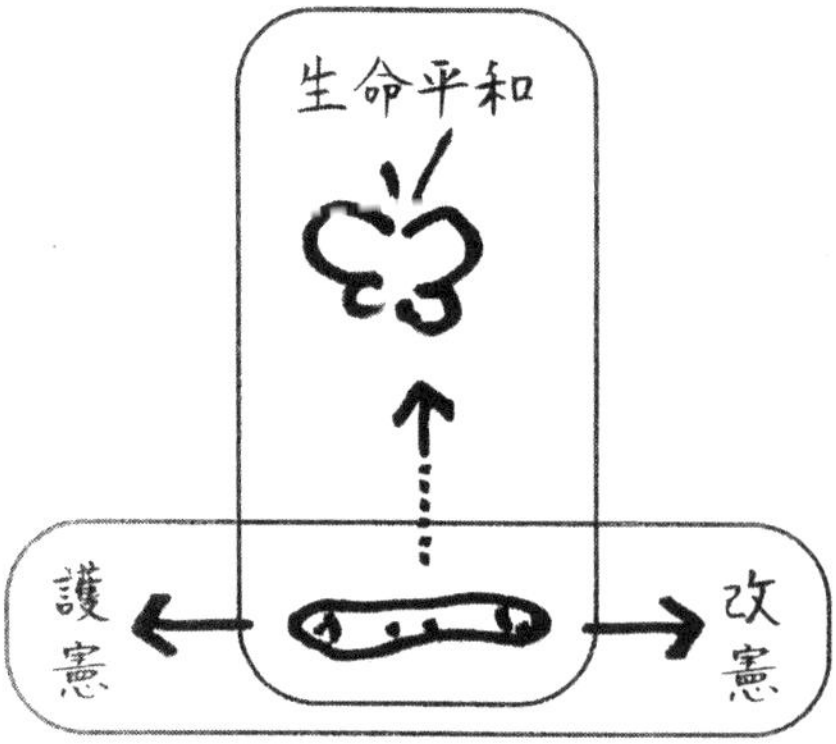

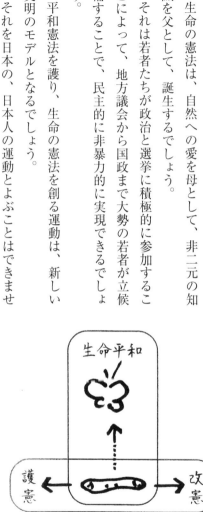

ん。新しい人は地球人、地球市民なのだから。

環境問題を解決するために、戦争をなくすために、いま世界中で地球マユの子供たちが、立ち上がっています。

# 10　毛虫が蝶になるみたいに

ホテルに帰ったと、母さんからメールが着信した。

気がつくと、いつの間にか日は西に傾きかけていた。

私たちはていねいにお礼をいってオキナに別れをつげた。

「私がいったことを、どうぞ信じないでください。すべてを疑って、あなた自身で調べてください。そして確信したことを、実行してください」とオキナはいった。

くぐり戸を抜けて、ジャンターマンター公園に入ると、レンガ造りの天体観測装置が夕日に染まって赤く輝いていた。

正面から光を浴びてレンガの舗道を歩きながらナミは、「太陽を輝かせているものと、私を生かしているものは、おなじ一つの光である」という言葉を思いだしていた。

まわりの芝生も花壇の花も、リスや小鳥たちも、みんな同じ光に生かされている。背の高い椰子の樹々の葉も光に照らされて揺れていた。ナミは光の海にすっぽり抱かれていた。

ふいにナギがドスンと肩にぶつかった。

見るとナギは、つまずいたり、またいだり、横に跳んだり、下を向いてギクシャクと変な歩き方をしている。

「どうしたの、足がしびれたの？」と訊くと、「いや、蟻が……」といった。

よく見ると、舗道を蟻の行列がいっぱい歩いている。

「踏まないように歩いているの？」

「うん目について、踏めなくて、歩きにくいんだ」

「蟻も同じ光に生かされている。だけどこんな歩き方をしてたら、これから大変」とナミは心配したけれど、大通りに出ると間もなく、二人とも雑踏を流れる世俗的な集合意識の渦にのみこまれていった。


その夜、ナミはオキナの夢を見た。

「あなたには話が難しすぎたでしょうから、いつかこれを読んでください」といって表紙に地球マユが描かれている本をくれた。

そのとき、訊いてみた。「おじいさんは日本人ですか？」

するとオキナは、「私は宇宙人です」っていって、笑った。

「宇宙人じゃない人など、マユの中には一人もいませんよ」

朝起きてすぐに、本を探した。とてもリアルな夢だったから。

もしかしたら、菩提樹の下に本があるかもしれないと思った。

ホテルを出る前にもう一度ジャンターマンターへ行ってみた。

公園の天体観測装置の間を通って、奥のレンガ塀まで走った。

ところが……なかったの……扉が、レンガ塀のどこにも……。


飛行機の中でその話をすると、「それは自分で考えろ、ってことだと思う」とナギはいった。

「僕もいま考えていたんだ」

「何を?」

「憲法を増やすこと」

ナミは笑ってしまった。

「えっ!　憲法って増やせるの?」

「今朝ホテルの机の引き出しにあった聖書を開いたら」ナギがいった。「そこにこんなたとえ話が書いてあった」

ある商人が3人の使用人にお金を預けて長い旅にでた。商人が帰ってくると、一人の使用人が「預かったお金を元手に商売をして2倍に増やしました」といって差しだした。主人は大いに喜んで彼に大きな仕事を与えた。二番目の者も「お金を2倍に増やしました」といって差しだした。主人は喜んで大きな権限を彼に与えた。三番目の男は「大切なお金を失わないよう土に埋めて護りました」といって差しだした。すると主人は「おまえは怖れて何もしなかった」と怒って、彼からすべて取り上げてしまった。（マタイによる福音書、25―14）

「それを読んで思ったんだ、これまで平和憲法は『土に埋められてきた』んじゃないかって。だから取り上げられようとしてるって」

「でも、どうやって増やすの？」

「憲法は、護られるだけじゃなく、状況に応じて変身する。『平和憲法』をもとに「生命の憲法」が生まれて「生命平和憲法」になったら、大切な憲法が2倍に増える。戦争だけじゃなく環境破壊を止める憲法になる」

ナミも考えようとしてみたけれど、すぐにぐっすり眠ってしまった。

機内音楽が流れて照明が点灯し、朝食のサービスをはじめますとアナウンスがあった。

窓を開けると、明るい日射しが差しこんできた。温かいおしぼりで顔をふいて、背筋を伸ばした。

外を見ると、空と海と雲が眩しい金色の光をおびて、まるで火の鳥が飛んでいるかのようだった。

今日は成田に到着してから、福島のおじいちゃんとおばあちゃんに会いに行くことになっている。

野菜サンドを頬ばりながら母さんに、「おみやげ、何にしようかな?」とナミは相談した。

「だいじょうぶよ、たくさん買っておいたから。あなたたちに会うのが何よりのおみやげよ。きっと大喜びするわ」と母さんがいった。「それにしても二人とも変わったわね。見違えるほど元気になって、顔つきも言葉も。なんだかインドで変身したみたいよ、ほら、毛虫が蝶になるみたいに」

ナミとナギは顔を見合わせた。

飛行機はゆっくりと大気圏の底へ降りてゆき、着陸態勢にはいった。

雲の中にはいると、機体が揺れて、雨粒が窓を濡らした。

機内放送でオーケストラのために編曲されたビートルズの When I'm Sixty-Four が流れていた。

僕が64歳になったとき……50年後だ。

フクシマは、どうなっているだろう？
世界はいったい、どうなっているだろう？
原発はなくなっているだろうか？
曲がイマジンに変わった。
ナギは口ずさんだ。

　You may say that I'm a dreamer
　But I'm not the only one
　I hope someday you'll join us
　And the world will be as one
　そして世界は一つになる
　・・・・・・♫

軽い衝撃とともに、機体が成田空港に着陸した。

著者紹介

**正木 高志**（まさき たかし）

1945年生まれ。東京教育大学文学部史学科卒。
60年代半ばからインドを遍歴し、哲学を学ぶ。
80年に帰農。百姓の傍ら執筆・講演をおこなう。
森林ボランティア「森の声」代表。
憲法9条をまもる巡礼「ウォーク・ナイン」主宰。
2014年から「ふくしま文庫プロジェクト」をスタート。
著書に『木を植えましょう』『出アメリカ記』『蝶文明』『空とぶブッダ』など。
CD『grounding songs』

住所　〒861-1441　熊本県菊池市原4490

地球のマユの子供たち

二〇一九年十二月二日　第一刷発行

著　者　正木高志
発行者　向原祥隆
発行所　株式会社 南方新社

〒八九二－〇八七三
鹿児島市下田町二九二－一
電話　〇九九－二四八－五四五五
振替口座　〇二〇七〇－三－二七九二九
URL　http://www.nanpou.com/
e-mail info@nanpou.com

印刷・製本　モリモト印刷株式会社
定価はカバーに表示しています
落丁・乱丁はお取り替えします
ISBN978-4-86124-407-0　C0010